我们一起解决问题

新营销与新电商实战系列

抖音 ▷ 变现

实战一本通

刘 培 张进财 韩钟华 著

人民邮电出版社

北 京

图书在版编目（CIP）数据

抖音变现实战一本通 / 刘培，张进财，韩钟华著
. -- 北京：人民邮电出版社，2022.6
（新营销与新电商实战系列）
ISBN 978-7-115-59209-5

Ⅰ．①抖… Ⅱ．①刘… ②张… ③韩… Ⅲ．①网络营
销 Ⅳ．①F713.365.2

中国版本图书馆CIP数据核字(2022)第073543号

内 容 提 要

抖音是当下最受欢迎的短视频平台之一，聚集了庞大的流量。越来越多的企业、品牌和个人选择入驻抖音。那么，如何才能在用户量庞大的抖音平台上找到最适合自己的赛道？抖音变现的具体方法有哪些？各个细分领域可借鉴、可复制的抖音号变现经典案例有哪些？

本书详细地阐述了抖音平台的核心特点、收入机制及抖音变现的主要方法，并从教育、娱乐、美食、时尚美妆、产品评测、美景旅行、泛知识、直播电商等细分领域选取了若干具有代表性的抖音号，介绍了其运营特点和变现方法。这些内容可以帮助运营者掌握抖音变现的思路、方法、技巧和注意事项，更快速有效地完成变现，兑现商业价值。

本书适合所有想要入驻抖音和已经在抖音上开展运营活动的各类组织的运营、营销人员阅读，也可以作为 MCN 机构、线上营销培训机构从业者的参考读物。

◆ 著 刘 培 张进财 韩钟华
责任编辑 陈 宏
责任印制 彭志环

◆ 人民邮电出版社出版发行 北京市丰台区成寿寺路 11 号
邮编 100164 电子邮件 315@ptpress.com.cn
网址 https://www.ptpress.com.cn
涿州市般润文化传播有限公司印刷

◆ 开本：700×1000 1/16
印张：13 2022 年 6 月第 1 版
字数：180 千字 2025 年 5 月河北第 11 次印刷

定 价：59.80 元
读者服务热线：（010）81055656 印装质量热线：（010）81055316
反盗版热线：（010）81055315

    抖音于 2016 年上线，在短短几年的时间内迅猛地发展起来，成为短视频行业的龙头，商业价值不断提升。在地铁站、餐厅、办公大楼等人流密集的场所，随处都可以发现刷抖音的人。许多人在闲暇时总会习惯性地打开抖音刷几条短视频。

    抖音在人们的娱乐生活中占据的地位呈逐渐上升的趋势，目前它已经成为最热门的手机娱乐应用之一。抖音以其内容形式自由、趣味性强等特点吸引了大量的用户，逐渐成为人们日常生活的一个重要组成部分。

    对普通用户来说，抖音具有极强的娱乐功能，但这并不是抖音的全部价值。对创作者和运营者来说，抖音是一个十分有吸引力的变现平台，相当多的账号在抖音上赚到了不菲的收入。抖音自身的特点、抖音主力用户的特征、抖音的推荐算法等多种因素相结合，使其成了众多创作者和运营者首选的变现平台。

    抖音平台的变现能力较强，与抖音自身的特点密切相关。首先，创作抖音短视频的门槛比较低，绝大部分创作者不会因为拍摄形式过于简单、作品内容过于俗套等原因而被拒之门外。其次，抖音的操作简单易学，用户覆盖面极广，其中包括不少消费能力较强的用户。最后，抖音不仅推出了直播间购物的快捷方式，而且允许在评论区放置商品购买链接，为带货提供了极大的便利。

    具体的变现方式在抖音平台的每一条赛道上有相异之处，但总体上的思路是相近的，基本上都可以归为直接变现或间接变现。变现速度的快慢和变现效果的好坏与赛道选择、作品质量、运营策略都有一定的关系，但最重要的因素还是作品或商品的品质。

抖音上的变现方式在不断丰富、变化，因此创作者和运营者要不断地学习。他们首先要理解抖音平台的运行机制和逻辑，然后将正确的创作和运营理念融入实践，针对自己选择的赛道，确定适合自己的变现方式。在此过程中，最好借鉴一下其他已经获得成功的抖音号的做法，避免走弯路。

本书系统地介绍了抖音平台的运行机制、抖音平台的变现逻辑，旨在为读者提供实战指导。全书共分为 10 章，第 1 章从整体上介绍了抖音平台的特点，第 2 章介绍了抖音变现的主要方式，第 3 章到第 10 章介绍了教育、娱乐、美食、时尚美妆、产品测评、美景旅行、泛知识、直播电商等赛道上具有代表性的抖音号及变现案例。通过阅读本书，读者可以熟练掌握抖音号变现实战思路和技能，加快变现速度，更有效地将高流量、高人气转化为实实在在的商业价值。

目录

第9章

泛知识赛道抖音号变现经典案例 // 161

第10章

直播电商赛道抖音号变现经典案例 // 179

第 1 章

超级平台：
在抖音平台上掘到属于自己的那桶金

抖音于 2016 年上线，在短短的几年时间里迅猛发展，用户人数不断增加，流量资源十分丰富。毫无疑问，抖音已经成了一块流量宝地，极具诱惑力。近年来，越来越多的人选择进入抖音平台，希望挖到属于自己的那一桶金。

抖音确实是一个超级平台，但很多人在把目光投向抖音之后，却不知道该如何去利用它并将其价值最大化。对新手来说，在抖音上运营账号，最重要的就是不断提升自己的创作及运营能力，找到自己的优势，只有这样才能在抖音平台上有所发展并完成高效的变现。

1.1　用户画像：抖音的主力用户是哪些人

抖音用户是影响抖音发展的一个重要因素。如果用户的质量变高了，抖音平台的综合价值就会水涨船高。因此，抖音号运营者需要思考这些问题：抖音的主力用户有什么特征？为什么优质用户能让抖音平台变得更有价值？

如今，运营者采集用户信息已经有了更加快捷高效的方法，以前的调查问卷、电话寻访等片面低效的调查方式已经逐渐被淘汰。抖音平台把先进算法作为收集用户数据的核心方式，抖音平台的运营团队借助算法可以更加高效、全面地收集用户数据。抖音有十分庞大的用户群体，因此抖音平台的运营团队能更好地统计数据并绘制用户画像。数据越多，算法得出的结论也就越准确。

下面从几个方面介绍一下抖音主力用户群体的基本情况。

一、用户性别

从抖音公开的数据来看，抖音用户男女比例较为均衡，女性用户所占比例略低于男性用户，差别并不是很大。与其他同类平台相比，抖音用户男女比例更加均衡，目前没有出现性别比例差异过大的情况。这间接反映了抖音平台的整体运营策略是比较正确的，如果用户男女比例严重失衡，就说明平台上面向不同性别用户的内容严重失衡，这不利于平台的长远发展。

从平台的角度来说，让用户男女比例尽可能均衡是一个需要考虑的重要因素。抖音希望平台上的内容更加多元化，对男女用户都有足够的吸引力。不过，专门服务于某一性别用户的账号不用考虑该因素，毕竟，男性用户与女性用户偏爱的内容还是有所区别的。

二、用户年龄

用户年龄是影响视频内容的一个重要因素，各类视频博主在创作时都要考虑用户的年龄。抖音平台的运营团队也十分重视用户年龄这一因素，因为抖音从一开始就聚集了大量的年轻人，年轻人更有活力，能更好地推动抖音平台的发展，维持抖音平台的热度。

相关数据显示，抖音的主力用户大多在 35 岁以下，其中 25~30 岁的用户较多。这个年龄段的用户无论对什么类型的博主而言都是非常优质的用户，原因主要有两个方面：一方面，这个年龄段的用户容易与博主建立深厚的感情；另一方面，这个年龄段的用户黏性较强，喜欢向朋友、家人分享博主创作的内容或推荐的产品，这可以帮助博主节省很多宣传成本。

三、用户所在区域

抖音用户比较多的地区主要有广东、河南、江苏，北京、上海、深圳等。从总体上来说，抖音用户的地域分布较为均衡，各大城市的用户数量都很庞大，这也体现了抖音拥有广泛的影响力。从相关数据来看，一、二线城市的抖音用户众多，抖音平台也十分重视这些用户，其中的原因我们可以通过用户消费水平做进一步的分析。

四、用户消费水平

随着抖音平台的发展壮大，其商业化趋势越来越明显，多数博主都开始想方设法将流量转变为收入。前文提到，25 ~ 30 岁的用户对博主来说价值很高，这主要是因为这个年龄段的用户大多已经有工作和稳定的收入，消费能力比较强。与之相比，虽然 17 ~ 20 岁的用户也属于年轻用户，而且拥有更多的时间，能给博主带来更高的热度，但这些用户的消费能力比较弱，因为他们中的很多人还在上学，没有稳定的收入。

用户消费水平与用户所在地域有一定的关联性。从总体上来说，一、二线城市用户的消费水平相对较高，所以抖音平台的运营团队及平台上的很多运营者都非常关注一、二线城市的用户。

五、用户偏好

"记录美好生活"是抖音创立时提出的理念。抖音平台的运营团队会根据用户偏好，对平台的相关规划和布局进行调整和更新。目前来说，搞笑类和美食类短视频容易成为热门，而且成功地带动了某些产品的销售。

一般来说，男性用户偏爱汽车、游戏、动漫、军事类短视频，女性用户的兴趣更广，化妆、拍摄、恋爱、服饰、美食类短视频更受她们青睐（见图 1-1）。有些类型的短视频同时受到男性和女性用户的欢迎，如旅游、体育类短视频等。

图 1-1 不同性别用户的内容偏好

六、用户活跃时间

用户活跃时间不仅对抖音平台来说很重要，对各类博主来说也很重要。大多数用户都是利用碎片时间而不是一整块时间来观看短视频的，因此其活跃时间具有很大的不确定性。不过，从总体上来说，用户活跃时间更多集中在 12 点后的午饭时间和 18 点后的下班时间这两个时间段。很多用户会在这两个时间段用抖音来打发时间、放松心情，甚至已经形成了一种习惯。

对抖音平台上的各类博主来说，深入了解抖音用户群体的特点是非常重要的，以上只是一些基础的、简要的分析。像抖音这种热度极高的平台，其用户群体的整体特征并不会频繁改变，但小范围的变化肯定会经常发生。各类博主只有定期采集和分析数据，才能确保自己的创作和运营方向是正确的。

1.2　赛道选择：哪些领域的关注度最高

　　创作者在进入抖音平台之前，首先要选择一个关注度高且自己擅长的领域，也就是选择合适的赛道。年龄、性别、身份、受教育程度、收入水平的不同会使不同用户的关注点存在一定的差异，不同层次的用户往往对应着不同的用户画像。下面从年龄、性别、身份、受教育程度和收入水平等方面，简要分析不同层次用户感兴趣的主题和领域。

一、年龄和性别

　　按照年龄，抖音用户大体上可以分为学龄前儿童、学生、18 ~ 30 岁的青年、30 ~ 45 岁的青壮年、45 ~ 60 岁的中年和 60 岁以上的老年等群体。

　　当前，我国网民有低龄化的趋势，接触手机的儿童数量呈逐年增加的态势。在某种程度上，观看短视频已经成为父母和儿童一起娱乐的方式之一。低龄儿童较感兴趣的内容主要是与动画片相关的衍生、再创作作品，包括动画和玩具直播等。一般情况下，低龄儿童的监护人允许他们观看这些内容。

　　学生可以分为青春期之前的学生和青春期之后的学生。前者感兴趣的内容既包括动画片相关短视频，也包括部分流行文化相关短视频，女生还有可能对一些化妆打扮类短视频感兴趣。年龄较小的学生一般在监护人的监督之下使用手机，面向这一类群体的内容应当与受众的年龄相匹配。

　　青春期之后的学生主要对流行文化感兴趣，包括目前流行的一些亚文化，如动漫、汉服等。这一群体的消费能力比较有限，并且属于未成年人，向他们推送的短视频不能引起其监护人的反感。

青年群体往往热衷于流行文化，不同的青年个体对流行文化的看法和喜爱程度不同。向这个群体推送内容时，要基于算法进行精准的推送，以增强其黏性。

青壮年群体有很大一部分已为人父母，这一群体往往对工作技能提升及教育类内容感兴趣，同时很有可能与其子女共用账号，这一群体的兴趣范围较广。

中年群体和老年群体感兴趣的内容从总体上来说较为相似，但不同性别的用户有较大的区别。中老年女性通常对与通俗文化相关的内容更感兴趣，包括奇闻轶事、通俗故事、文学解读等。中老年男性一般对政治军事类内容更感兴趣，此外对钓鱼、运动、新闻类内容的兴趣也较高。中老年群体整体上对养生类内容兴趣较高。

不同年龄阶段的男性用户和女性用户的内容偏好如图 1-2 和图 1-3 所示。

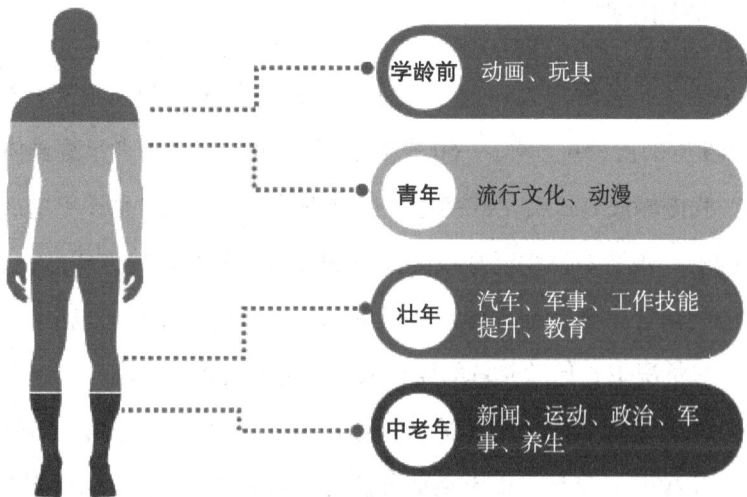

图 1-2　不同年龄阶段的男性用户的内容偏好

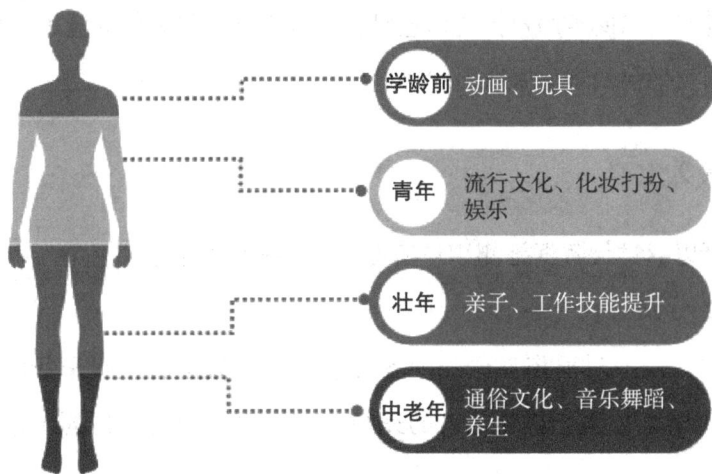

图 1-3　不同年龄阶段的女性用户的内容偏好

二、身份和受教育程度

不同职业的人可能会关注不同的话题。抖音用户的职业大体上可以分为四类——农林渔牧业、第二产业、第三产业、离退休。

从事农林渔牧业的用户通常对生产技术类的话题感兴趣，他们通过观看相关视频满足自身提高技术水平和休闲娱乐的需求。对于这类用户，平台要找准他们所处的细分行业，对其兴趣点进行精准的把控，以增强推送的精准性。

从事第二产业的用户受教育程度一般不高。这类用户通常会对通俗文化、奇闻怪谈及娱乐、运动新闻感兴趣。对于这类用户，平台要准确判定用户的年龄，向青年和中年用户推送不同的内容，向不同性别的用户推送不同的内容。

从事第三产业的用户大体上可以分为从事基础服务业的人员和白领两大类，前者与从事第二产业的用户比较相似。

白领的受教育程度一般较高，对自我提升类话题兴趣较高，通常是一到两种流行文化或亚文化的爱好者。对于这类用户，平台要格外注意推送内容的质量。这类用户通常对抖音平台的黏性不强，获取信息的方式比较多样化，并有多种其他爱好。向此类用户推送信息时，平台必须加强大数据应用、减少广告，以便在与同类平台的竞争中取得优势地位。

三、收入水平

平台可以通过大数据推测用户所使用的手机的品牌，并根据手机品牌来推测用户的收入水平。

中低收入用户对通俗易懂的内容更感兴趣，如体育、娱乐新闻及民间故事等，黏性相对较强，获取信息的途径比较有限，容易模仿同类用户的一些行为。

中等及以上收入用户对自我提升及发展方面的内容更感兴趣。这类用户经济状况较好，愿意为知识和娱乐付费，如付费课程等。

有一些话题会受到各类用户的欢迎，包括可爱的宠物或儿童、流行音乐及美食等。

某直播平台的博主"柿子菌meow"通过几只宠物猫获得了极高的人气，甚至衍生出了猫粮制作、国外猫咪视频解析及养猫知识科普等方面的视频，广受观众的欢迎。

"超可爱的人类幼崽"等博主通过制作关于可爱儿童的视频，受到了大量观众的好评。部分儿童在长大后仍持续受到关注，其中一些甚至选择进入视频行业。

流行音乐包括国内流行音乐和国外流行音乐。某些博主将国外流行音乐以我国传统乐器和演奏手法表现出来，受到了广泛的欢迎。部分音乐博主将一些生活用品（如计算器和钢尺等物品）改造成乐器并用其演奏音乐，娱乐性十足。

俗话说"民以食为天"，食物制作视频通常是各类视频平台上播放量较高的视频类型。一些厨师走出后厨，向观众直播烹饪过程，既展示了自己高超的技术，又教会了观众如何制作美食，还成了自己所在餐馆的活招牌。

向不同的用户群体精准地推送内容主要是抖音平台运营团队要考虑的事情，但了解不同的用户群体可能有什么偏好并准确定位自身的创作方向和风格，是抖音创作者提高视频播放量，进而增加收入所必做的功课。

1.3　算法机制：一切源自推荐算法

一、认识算法机制

1. 什么是算法机制

在抖音等短视频平台上，所有用户可以分为两类，即内容生产者与内容消费者。算法是一套对所有用户都有约束力的评判机制。算法机制就像抖音平台的游戏规则，用户可以改变游戏策略、提升游戏战斗力，但无法跳脱既定的游戏规则。不懂其中奥妙而创作的视频会门前冷落、无人问津，而遵循这一法则的视频或抖音号常常"莫名"走红，动辄收获 10 万次以上的点赞。抖音去中心化的流量分配算法是以上现象的成因。

从内容消费者的角度来看，用户在抖音平台上的每一次浏览、每一次停留、每一个搜索词条，都是对自身内容偏好的符号化，抖音算法机制根据这些符号摸索用户的特质，随后对用户进行分类，如优质用户、沉默用户和流失用户等。

从内容生产者的角度看，抖音算法机制能够判定一个账号生产优质内容的能力，若该账号无法为平台引流，算法机制就会减少对该账号的流量分配；相反，若该账号能够持续输出有吸引力的内容，算法机制便会成为该账号的有力助手，提供大力的流量扶持。总之，抖音算法机制的核心是将合适的内容推荐给合适的用户。

2. 利用算法机制

首先，对抖音平台来说，算法是管理用户数据的一大法宝。算法能够精准识别用户特征，把握用户行为。抖音借此将用户喜爱的内容呈现出来，不断改进与优化自身功能，使用户体验得到提升，自然能够留住优质用户、让沉默用户变得更加活跃、吸引新用户、挽回流失用户，实现良性循环。

其次，对内容生产者而言，充分了解抖音平台的算法机制，相当于熟悉了作品推荐背后的深层法则，有利于其在创作过程中明确方向，获得平台的肯定，从而收获更精准的流量和更多的曝光机会。

再次，对内容消费者来说，算法机制根据用户行为来分析用户偏好，将其标签化，并将更多具有同类标签的内容生产者的作品推荐给用户。这样一来，用户无须特意寻找，便能刷到自己感兴趣的视频，用户体验得到极大提升。

综上所述，算法机制的优势在于精准匹配：为内容生产者精准匹配粉丝群体，为内容消费者精准匹配优质内容。了解抖音算法机制是内容创作与引流的基础，只有让内容符合算法规则、遵从算法机制并不断改进作品，才有可能实现内容价值的最大化。

二、抖音算法机制的原理

1. 抖音算法机制概述

图 1-4 是简化后的抖音算法机制，包括内容标签化、用户标签化、根据标签进行个性化智能推送三个部分。

（1）给作品内容贴标签。抖音平台会根据算法确定用户经常观看的内容所属类目，如时政热点、社会新闻、娱乐明星、健身养生、美食、旅行、财经、艺术、历史文化等，再逐步形成更加细化的标签。

（2）给用户特征贴标签。抖音平台会根据用户的使用习惯分析其行为，通过用户的个人资料（如年龄、所在地、职业等）、关键词搜索记录、偏爱浏览的视频所属类目、对视频的点赞与评论数据等为用户贴标签，并逐步优化标签，形成具体的用户画像。例如，抖音平台可能将某用户描述为：作息规律、关注时尚、电影爱好者、注重生活品质。

（3）进行个性化内容推送。用户初次使用抖音平台时，算法将用户预览内容标签化，形成该用户在抖音平台上的专属用户画像。用户再次登录抖音时，算法将用户画像与内容标签匹配，将匹配度高的内容推荐给用户，并根据用户的浏览情况生成最新的用户画像，作为下次推送的依据。如此循环往复，抖音平台就可以实现个性化的内容推送。

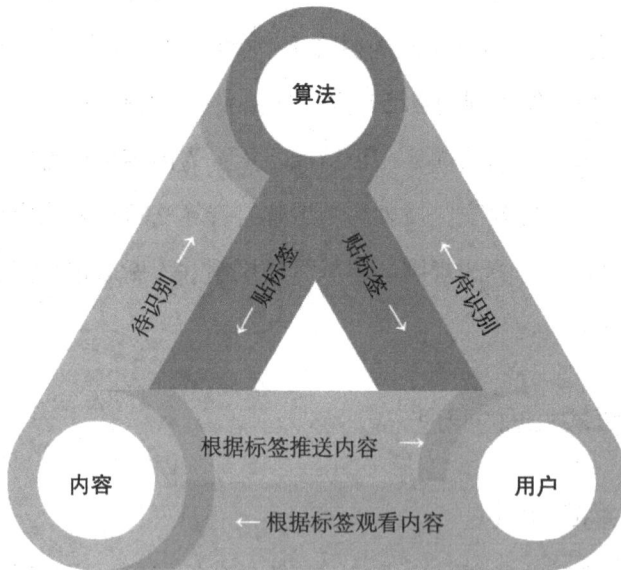

图 1-4　抖音算法机制

2.流量池

流量池可以理解为抖音算法为用户分配流量的容器，是一种对用户和作品进行分类的机制。无论是零粉丝、未发布作品的新账号，还是拥有众多粉丝的火爆账号，抖音平台都会为它们分配一个流量池，所以不存在"偏袒"的情况。不过，抖音算法的筛选机制会进一步决定是否为作品分配更多的流量，依据是其在流量池中的表现。可见，抖音算法给了创作者一定的发展空间，也对其能力提出了考验。无论账号是何种级别，只要拥有产出优质内容的能力，就能得到抖音平台的扶持。

对新用户来说，抖音算法会以附近粉丝关注等形式完成流量分发，检验新作品的完播率与互动率，进一步将内容标签与更广泛的用户画像进行匹配，为用户分配新一波流量。在抖音算法中，不同的数据有不同的权重。其中，完播率是首要的，随后是转发量、评论量和点赞量等。视频在第一次推荐中达到约60%的完播率，抖音才会进行第二次推荐。在抖音平台上，根据流量池的大小，作品可以被归入不同的阶段：播放量小于1000的作品处于启动阶段，播放量在1万到10万之间的作品在小爆发阶段，当作品处于大爆炸阶段时，抖音平台会提供播放量为100万的优质流量池。大小不同的流量池仿佛速度差别极大的交通工具，进入大流量池是引爆热度的关键。

3. 叠加推荐算法

在抖音平台上，不少博主会突然收获几百万的播放量，进入始料未及的高级别流量池，这实际上是抖音算法叠加推荐的结果。

叠加推荐可以理解为抖音平台对作品内容的检验门槛，或抖音算法对作品内容综合权重的评价标准，主要参考作品的完播率、转发量、点赞量和评论量等数据。当新视频能够充分利用抖音平台智能分发的流量池，实际表现超出抖音预期的播放量与转发量时，抖音算法便会判定此作品受用户欢迎，自动为作品加权推荐流量池。若作品仍能完成抖音平台的"任务"，算法就会继续叠加推荐，形成良性循环。

三、利用抖音算法机制的技巧

1. 提高账号权重

在账号运营前期，当务之急不是发布作品，而是设法提高账号权重。完善账号信息这个步骤是必不可少的，还要提升账号活跃度，提高视频的浏览量、点赞量、评论量和转发量等，时常观看直播，让算法生成账号的用户画像。在运营后期，应保持账号的活跃度，最好每天更新内容，以免平台降低账号权重。

2. 调整作品内容

首先要确保内容的原创性，不能长期"搬运"内容。其次要找准垂直领域，针对同一标签形成作品主题，避免算法无法精准判定内容、减少推送。

3. 注意发布方法

为了让更多的用户浏览作品，选择合适的发布时间十分重要。要为作品添加适当的标题与文字描述，作为视频内容的补充；也可以巧妙地参与话题，增加作品的曝光度。

1.4 流量池：了解抖音平台的运营规则

抖音近年来飞速发展，以惊人的速度成了短视频领域的头部平台，其高速发展背后有很多值得探索和挖掘的地方。从表面上看，抖音平台的发展壮大离不开广受市场欢迎的短视频，也离不开短视频背后持续深耕的内容创作者。抖音平台的根本生命力来自创作者，那么，抖音平台是如何在创作者当中选出"绩优股"，又是如何让优质创作者愿意长期与平台合作、实现共赢的呢？这就不得不提到抖音平台的核心运营规则之一——流量池。

相信很多人都有在抖音上投稿的经历。作为新手，很常见的情况是发布了一条短视频，过了一两天，只有二三十次播放，点赞量寥寥无几，令人沮丧。新手虽然在内容质量方面无法与老手相提并论，但是这种低人气实际上也与抖音平台的运营规则有密不可分的关系。

刚刚入门的创作者急需得到观众和平台的鼓励，只有看到自己用心创作的作品被更多的人看见、被更多的人鼓励，他们才会保持继续创作的热情和动力，一步步成长为拥有自己的粉丝群体和庞大流量的佼佼者。

流量池是抖音平台吸引越来越多的创作者的重要原因之一，因为抖音平台的一项核心原则就是去中心化，即让每一个使用抖音的人都享受公平待遇，无论其在加入平台之前的身份、职业和成绩如何，在加入平台初期享受的流量待遇基本上没有差别。

抖音平台大致上将流量池分为八个等级，从低到高，流量会有显著的增加。最初级流量池的播放量只有 300 ~ 500，最高级流量池的播放量可达 3000 万以上，每向上晋升一个流量池，都要接受抖音平台对当前视频反馈数据的"考核"，如果能够达到下一个等级，抖音平台就会加大曝光量。

为了简洁明了地说明抖音平台的流量池等级划分，此处将八个流量池等级划分为三个层次，分别是初级流量池、中级流量池和顶级流量池（见图1-5）。

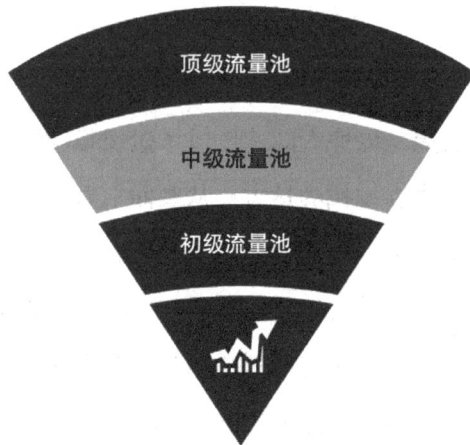

图1-5　抖音流量池等级划分

一、初级流量池

首先需要特别说明，进入初级流量池并不意味着能够顺理成章地进入中级流量池，在创作者不断提高作品曝光度的过程中，实际上要经历比较漫长的流量增长环节。随着流量池等级的提升，创作者能够从平台获得更多的资源倾斜，但从初级流量池向中级流量池迈进的过程也是一个由易到难的过程。要想进入更高等级的流量池，就要付出更多的努力。当然，所能获得的回报也是成正比的。

每一位刚刚进入抖音平台的创作者，在第一次发布视频时都会进入初级流量池，初级流量池通常能够为创作者提供300～500的曝光量，帮助创作者吸引第一批观众。

初级流量池包含的资源在所有的流量池中看似是最少的，但对刚刚进入平台的创作者来说能够发挥非常关键的作用，它是所有创作者在这个平台上获取流量的开端，也是抖音平台给每一位创作者提供的最公平的帮助。不积跬步，无以至千里，在抖音平台上获取流量的第一块基石就是初级流量池所提供的宝贵资源。

大多数创作者都能在初级流量池的帮助下比较容易地获得基础曝光量，并且在较短时间内进入下一个等级的流量池。要想更快地通过初级流量池的考验，进入更高等级的流量池，就要注意作品内容，最基本的原则就是在作品中不能出现违规内容，如某些品牌的名称、不合规的词汇及雷同的内容等。如果平台审核时发现作品包含这些不合规的内容，作品就不可能进入下一个等级的流量池。因此，在初级流量池中能否更进一步的关键在于是否遵守平台规定，创作者必须对作品内容进行反复斟酌。

二、中级流量池

通过初级流量池的考验之后，作品就进入了中级流量池，可以获得几千到一两百万的曝光量，按照流量多少可以划分为多个不同等级的流量池，此处就不一一列举了。成功跻身中级流量池之后，很多创作者都明显感觉到自己作品的热度有了显著的提高，播放量、点赞量、粉丝量都开始迅速提升，与在初级流量池中的情况不可同日而语。

能够成功进入中级流量池的创作者，其作品创作能力已经获得了平台和粉丝的初步认可，具有一定的发展潜力。从初级流量池到中级流量池并不是一蹴而就的，要经历层层审核和考验，只有达到一定水平的作品才能脱颖而出。

不过，即便进入了资源更加丰富的中级流量池，也不意味着作品必然能一直保持极高的热度。这个阶段对作品质量的要求会变得更高，只有制作精良、内容足够吸引人的作品才能继续保持热度增长，否则很容易陷入与同类型作品的长期竞争。因此，进入中级流量池的创作者面临的竞争压力实际上变得更大了，他们要更加努力地在作品内容上下苦工，只有这样才能更进一步，摸到顶级流量池的门槛。

逆水行舟，不进则退，如果创作者不能持续推出优质作品，作品不能持续获得良好反馈，作品的热度就无法长期维持，回到初级流量池也是有可能的。

三、顶级流量池

如果作品通过了前两个流量池的重重考核，进入了顶级流量池，就能享受抖音平台提供的海量资源支持，获得平台的 7 ~ 8 次大规模曝光，累计的曝光量至少能达到 500 万，这可以给创作者带来巨大的流量和极快的涨粉速度，最终将给创作者带来可观的收入。

进入顶级流量池的作品在抖音平台上都可以被称为"爆款"，除了制作精良和内容有趣，往往还有非常独特的风格，能够给观众留下深刻的印象。从初入平台到进入顶级流量池是一个漫长的过程，很多人花了好几年的时间也摸不到门槛，也有一些幸运的创造者仅仅通过几部作品就在机缘巧合之下一炮而红。

顶级流量池是每一位创作者都渴望踏入的，这也是抖音平台吸引了这么多优秀创作者的原因之一。进入顶级流量池之后，能不能再往上走就要看创作者自身的实力如何了。在顶级流量池阶段，创作者要守住自身的优势，同时好好利用平台提供的流量支持，趁热打铁，把自己作品的热度提到更高的层次上去。

1.5 收入机制：抖音平台内外的收入来源

自 2016 年上线以来，抖音在短视频市场中迅猛发展。截至 2020 年，抖音上平均每天的活跃用户数超过了 4 亿人次，抖音平台的口号"记录美好生活"越来越深入人心。

目前，抖音平台已经形成了自己的一套非常庞大、稳定且有秩序的运营体系，带来了不少就业机会，促进了产业创新，对网上消费产生了明显的拉动效应。创收机会随之而来，头部账号的收入令人羡慕，腰部账号也能通过发布作品获得稳定的收入。

一、抖音平台帮助创作者获得收入

抖音平台针对创作者建立了一套非常成熟的收入分配体系，并且针对创作者推出了一系列的培养计划，帮助他们在抖音平台上实现长远发展，包括为创作者提供资金补贴、流量支持、创作技能培训等。近年来，抖音平台已经帮助超过 1000 万名短视频创作者通过在抖音上发布视频获得了收入。

抖音平台对人才培养是非常重视的。2019 年，抖音平台牵头开展了国内首次短视频知识推广活动——DOU 知计划。在这次活动中，数以万计的短视频创作者获得了收益。在一年的时间内，有超过 9 万名创作者通过活动收获了超过 1 万的粉丝。活动期间，抖音平台累计发布了超过 2500 万个关于短视频知识的视频，为很多刚刚踏入这一领域的创作者提供了短视频行业的基础知识，相关视频的累计播放量超过 2.4 万亿次。

2019 年 8 月，抖音平台启动了新的短视频创作者成长计划，开始为优秀的创作者提供流量支持、创作工具及综合服务，目的是帮助他们更好地在抖音平台上获取收入。随着抖音平台在服务方面日趋完善，短视频创作者已经成了非常有发展前景的职业，能获得不错的收入。

二、抖音平台收入算法机制

抖音平台的收入机制与传统行业相比有较大的区别，下面详细介绍如何在抖音平台上通过发布短视频获得收入。

1. 流量池与收入算法机制

进入抖音平台之初，创作者首先要利用好流量池。抖音的流量池对每一个新加入抖音平台的创作者来说都是宝贵的资源。多发布质量高的作品，好好利用抖音流量池提升作品的热度，在众多创作者中脱颖而出就不是一件不可能的事情。

那么，抖音平台如何计算创作者的收入呢？通常来说，抖音平台会参考四个指标，如图 1-6 所示。

图 1-6　抖音平台计算创作者收入的四个参考指标

第一个指标是点赞量，也就是在一定周期内视频得到的点赞数量。点赞量越高，收入也就越高。

第二个指标是评论量。评论量可以反映视频的热度，是一个非常可靠的参考指标。在发布视频时，创作者应该想办法多与观众互动，提升作品的评论量，为自己创造更多的收入。

第三个指标是转发量。当观众看到一个质量高、内容有趣的作品时，往往会主动分享给自己身边的亲朋好友。转发量的提升能给创作者带来更多的观看量、点赞量和评论量，这是一个良性循环的过程。因此，转发量是一项非常重要的指标，创作者要想提升自己的收入，就要想办法创作优秀的作品，让观众产生分享的欲望，提升作品的转发量。

第四个指标是完播率。我们在刷短视频时常常会遇到这种情况：当刷到一个不是很感兴趣的视频或者看到一半感觉没有什么新意时，就会刷下一个视频。在这种情况下，这个作品在收入计算机制中是不算完播的。只有观众将一个视频完整地播放完，抖音平台才会将其计入完播率，视频达到一定的完播率要求才能给创作者带来收入。因此，创作者要想办法提高作品质量，抓住观众眼球，让他们有兴趣把整个视频看完。

2. 叠加推荐机制

创作者把作品的质量提升上去之后，自然会更加容易获得流量的增长，但是当流量增加到一定水平（如几千或几万）时，再增加流量和曝光度就会有些力不从心，也就是遇到了瓶颈。

此时，创作者应该如何提升上述四个关键指标呢？创作者最好转换思路，把焦点从内容转向平台的叠加推荐机制，以增加作品的人气。例如，创作者可以在标题下面加入一些小设计，如互动问题，吸引观众尽可能多地评论、点赞及转发。

在这里要郑重地提醒创作者，提升作品的人气必须采取正当的方式，不能恶意刷流量，这是抖音平台所不允许的，情节严重者将会受到惩罚，甚至被封号。

3. 时间效应

创作者还有一种方法可以提升作品热度，那就是利用之前发布的优秀视频，充分利用时间效应。抖音平台有时会产生这种时间效应，具体来说就是给一些老视频重新引入流量。有时，创作者发现一个视频在发布之后并没有立刻吸引来很多的流量，但是在一个星期或一个月之后，这个视频却突然获得了非常多的点赞和关注，这其实就是抖音平台特殊的时间算法造成的现象。

抖音平台上的视频非常多，平台为了发掘过去的优质作品，会定期为一些比较冷门的老作品提供流量支持。因此，如果创作者发布了一个质量比较好的视频，却因为种种原因没能获得足够高的人气，最好也不要放弃，要坚持吸引观众点赞、评论和互动，或者每隔几天就去不同的平台转发这个视频，使其保持一定的人气。也许在未来某个时间，无心插柳柳成荫，这个视频突然就获得了可观的流量。因此，创作者要充分利用每一个视频，使它们的价值最大化。

最后提醒新加入抖音平台的创作者，在提升作品人气和自身收入的过程中，不能急功近利，一定要避免平台所不允许的操作，如强行在视频中植入广告，或插入被平台禁止的镜头等。有些创作者急于获得流量，采用了一些不合规的手段，一旦被抖音平台检测出来，就会面临严厉的处罚，账号很可能被封停，之前的努力也就付诸东流了。

第 2 章

变现逻辑：
选择适合自己的变现方式

很多创作者加入抖音平台，不仅是为了像抖音宣传语所说的"记录美好生活"，也是为了通过抖音平台完成变现。

人们常说，选择比努力更重要。创作者加入抖音平台初期最重要的事情就是对自己的创作方向进行合理的规划，选择适合自己的变现方式。只有打好了这个基础，在后续的作品创作和变现过程中才能找准努力的方向。

2.1 中视频伙伴计划：基于播放量直接变现

2021 年 6 月，字节跳动旗下的三个视频播放平台西瓜视频、今日头条和抖音推出了中视频伙伴计划。这项计划的牵头方是西瓜视频，其目的是试水中视频市场。中视频伙伴计划的特殊之处在于这是抖音平台第一次参与根据视频流量给创作者分成的活动。

中视频伙伴计划无论对专业的视频创作者还是对新加入平台的用户来说，都是一个变现的好机会。通过这项计划，创作者可以享受以上三个平台的分成，还可以在尚未成熟的中视频市场中先人一步，率先在该市场建立自己的 IP。

一、中视频伙伴计划简介

中视频伙伴计划的牵头方是西瓜视频，创作者在西瓜视频平台上可以将作品转发到另外两个参与平台——今日头条和抖音平台上，最终根据播放量获得收益。通过参与中视频伙伴计划，创作者可以把视频流量直接变现，而且活动期间能够同时享受三个平台的流量资源，这是一个非常好的变现机会。

中视频伙伴计划对参与计划的视频投稿有如下要求：视频时长必须超过 1 分钟，不长于 30 分钟，视频的播放形式必须为横屏播放。以往我们在平台上看到最多的短视频时长通常在 1 分钟以内，而且都是以竖屏的形式播放的，与之相比，中视频有非常明显的不同。

二、推出中视频伙伴计划的意义

字节跳动公司推出中视频伙伴计划的意图就是让旗下的三个核心平台联手进军中视频市场。

西瓜视频与抖音在内容形式上有一些不同之处，抖音侧重于竖版短视频，西瓜视频更加接近于优酷、哔哩哔哩、爱奇艺等比较传统的视频播放平台。在视频时长上，这些平台的不同之处更加明显。抖音短视频最初的时长被设定为15秒，而传统的长视频时长可达1小时以上。中视频的长度介于短视频与长视频之间，其时长通常在1分钟以上、30分钟以内（见图2-1），观众对这类视频同样有旺盛的需求。

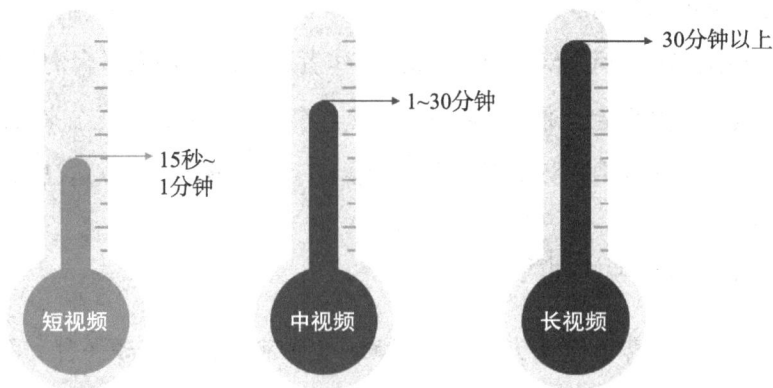

15秒~1分钟　短视频

1~30分钟　中视频

30分钟以上　长视频

图 2-1　三种不同视频的时长

在中视频伙伴计划中，西瓜视频对中视频做了进一步的划分，把时长短于10分钟的视频分成3分钟以下、3 ~ 5分钟和5 ~ 10分钟三种。

短视频平台运营战略的重大变化可以带来一段不短的红利期，这对创作者来说就是所谓的风口，最早进入新风口展开探索的创作者往往最早分到蛋糕。西瓜视频时任总裁任利锋早在推出中视频伙伴计划之前就提出，至少拿出20亿元支持中视频创作者，这些都是中视频时代正式开启的关键信号。

三、如何获得中视频伙伴计划带来的红利

下面从四个方面对中视频伙伴计划进行全面的剖析。

1. 中视频适合做什么内容

中视频的时长比市场上主流的短视频更长，在更长的播放时间中保证单位时间内有效信息量的难度会变得更大。然而，如果不能为观众提供有用的信息，视频的完播率就无法保证，获得收益就变得更难了。从内容含金量的角度考虑，中视频更适合做一些知识分享、技能教学、Vlog 等方面的内容。其实，以上几类内容也是短视频领域中受时长掣肘比较严重的类型。

在比较成功的中视频博主中，近来热度大涨的钓鱼 Vlog 创作者天元邓刚就很具有代表性。其作品时长都在 10 分钟以上，但播放量和点赞量并不低，平均每个视频的点赞量都超过 100 万。观众通过观看其作品可以身临其境地体会到钓鱼的乐趣，这也反映了中视频相较于短视频在播放效果上的优势。短视频的一个创作技巧就是用开头的"黄金六秒钟"牢牢吸引住观众的眼球，从而提升人气，而中视频创作的关键之处在于内容必须有趣、充实，只有这样才能在更长的播放时间中保持粉丝的观看兴趣。

2. 中视频相比于短视频的优点

时长的不同让短视频和中视频在播放节奏上有根本的不同。在看完一个中视频后，观众除了对视频的印象更加深刻，对创作者也有了深入的了解，这有利于创作者更快地建立自己的 IP，增强粉丝黏性，培养更加长期稳定的流量来源。

中视频能够更加稳固地建立粉丝对创作者的信任。中视频领域的优秀创作者往往拥有大量黏性极强的粉丝，粉丝的活跃度也保持在较高的水平。中视频领域的优秀账号在抖音平台上是非常宝贵的，它们不会像短视频账号一样昙花一现，时刻担心因过气而被粉丝遗忘，它们拥有非常广阔的上升空间。

中视频除了能通过流量分成给创作者带来收益，还能比短视频更容易地通过品牌广告获取额外收入。李子柒就是一位成功的中视频创作者，她通过记录自己的田园生活，在网上获得了极高的热度，粉丝群体极其庞大。李子柒的成功建立在粉丝对她强烈的认同感之上，非常值得中视频创作者学习和借鉴。

3. 什么人适合做中视频

中视频的创作门槛比短视频高，因为时长更长，中视频包含的内容必须足够丰富，同时还要有一定的深度。由此来看，中视频要求创作者对相关垂直领域有比较深入的了解和钻研。中视频创作者必须拥有至少一个擅长的垂直领域，同时还应该具备良好的策划与创作能力，能够将自己掌握的经验和知识以适当的方式展现出来。

创作经验不够丰富的新手不必对中视频望而却步，可以选择专业性要求不高的题材进行尝试，如旅行记录、探店 Vlog、日常生活记录等。只要持续输出作品，同时在创作过程中形成自己的风格，就有机会在中视频市场中站稳脚跟。

4. 中视频的流量分成收益

中视频伙伴计划中的流量分成实际上并不是固定的，而是动态变化的，并且和以下几个因素关系密切。

中视频的流量分成与视频时长紧密相关，视频的时长越长，每 1 万播放量给创作者带来的收益就越多，我们通常将其称为流量单价。实际上，时长为 1 ~ 5 分钟的视频的单价通常低于时长为 15 ~ 20 分钟的视频。由此来看，视频时长控制在 10 ~ 20 分钟是比较理想的状态，单价收益有所提高的同时，又可以在一定程度上保证视频的完播率。相较而言，时长更长的视频尽管单价上升，但面临着由于时长过长所导致的完播率显著下降的劣势。

除了视频时长和完播率，还有一些指标对流量收入有潜在的影响。例如，观众的男女比例对流量单价有一定的影响。女性观众所占比例高，视频的流量单价就高，这是因为在抖音平台上女性观众的消费意愿和消费能力比男性观众更强。

　　对于中视频的流量分成，还有一点需要补充说明，那就是视频的播放量和最终的流量分成不是完全的正相关关系，而是会随着流量的增加而逐渐衰减。视频播放量达到一定的水平之后，流量单价反而会逐渐降低。从某个角度来看，这对刚刚尝试中视频的创作者来说可能并不是一件坏事，即使视频播放量没有达到火爆的程度，也能得到一定的收益，新手通过流量获得收益的效率相对较高。

2.2 广告变现：互联网行业绕不开的变现方式

我们平常观看短视频的时候，或多或少都会发现广告的身影，实际上这可能是互联网行业最绕不开的变现方式之一。不管是上网浏览新闻，观看电影、电视剧，还是使用搜索引擎搜索内容，我们都会看到各种各样的广告。

在抖音平台上，很多新手或缺乏资金的创作者并没有能力建立一个店铺或打造一个自己的品牌，但他们可以与品牌合作进行广告宣传，也就是利用流量进行变现。

对现在的抖音平台来说，广告变现已经是一种比较成熟的变现方式，很多拥有固定粉丝群体的创作者都有广告资源。抖音平台对广告资源的对接很重视，专门上线了星图平台作为广告资源、创作者和品牌方的对接平台。

在抖音平台上，创作者接广告的方式主要有以下几种：广告公司直接向创作者派单，广告主主动联系创作者，创作者主动寻找广告主。此外，还有专门负责广告签约事务的 MCN 机构。所谓的 MCN 机构，其实就是经纪公司，主要负责培养创作者，并为他们提供变现的途径。

创作者在获得一定数量的粉丝和比较可观的播放量后，就会比较容易接到广告。有时，广告主会主动与创作者联系，达成合作。创作者通过在视频中植入软广告或硬广告，帮助广告主进行品牌宣传。广告主达到了宣传的目的，创作者也完成了流量变现，实现了双赢。

创作者获得广告机会之后，在创作视频时要以保证作品质量为前提，不能为了追求广告效果而降低作品质量。有一些创作者在视频中植入广告的手法非常生硬，影响了观看体验，招来了很多差评，甚至对品牌商产生了负面影响。因此，创作者不可目光短浅、急功近利。

品牌商在支付了一定的推广费用之后，必然希望得到相应的回报，如品牌知名度提升、产品销量增长等。因此，品牌商在选择合作对象的时候，通常会将目光投向那些拥有一定粉丝基础的创作者。

某些独立发展的创作者虽然懂得如何运营好一个账号，但对如何植入广告这件事却没什么头绪，常常会出现短视频播放量很高但转化率很低的情况，这是品牌商不愿意看到的情况。为了让广告变现的效果变得更好，使合作双方都能从中获益，创作者要适当地运用一些技巧。

创作者完成广告变现主要有两种形式：一种形式是由品牌商直接将广告成品发给创作者，再由创作者进行传播；另一种形式是品牌商与创作者沟通想法之后，由创作者来完成广告的创作。目前，后者在抖音上更常见，不过这种形式对创作者来说难度也更高。

创作者需要掌握植入广告的三种手法，如图 2-2 所示。

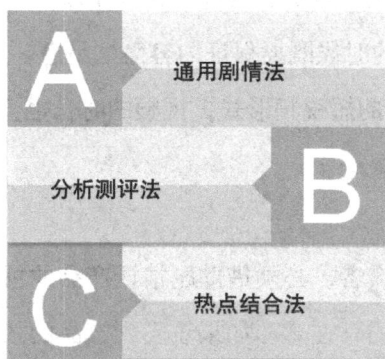

图 2-2　植入广告的三种手法

一、通用剧情法

抖音之所以能够成为各大品牌开展营销推广活动的重要阵地，就是因为随着时代的变迁，传统的广告形式已经日益没落，其带来的经济效益越来越不显著了。短视频很受主流消费人群的欢迎，而且与软广告的匹配度非常高。在短视频中植入软广告的做法不容易引起用户的抵触，如果创意非常出色，短视频还很容易获得大范围的传播。

例如，知名账号"戏精牡丹"在接到推广任务后，会将产品与剧情完美地融合起来，用户往往在看到产品的一瞬间才发现原来这是一个广告，但又不会觉得很突兀。

能力比较强的创作者最好将通用剧情法作为首选，但要注意以下三点。

（1）避免过于复杂

某些能力非常强的创作者虽然可以创作出吸引人的剧情，但常常会发生本末倒置的问题：短视频的剧情非常出色，甚至可以与某些电影相比，用户虽然能看出创作者在剧情方面的用心，却很难消化、理解其内容，这反而会阻碍产品的推广。

（2）内容完整有趣

抖音平台的主要特色是新潮、有趣，过于平淡、俗套的剧情很难引起用户的兴趣。创作者在创作的时候既要保证内容简洁易懂，又要提升内容的趣味性。此外，即便不采用15秒的短视频形式，视频的时长也会受到一定的限制，所以一定要注意内容的完整性。

（3）体现产品优势

作为一名合格的推广者，必须借助剧情让产品的植入显得更加自然，但这并不意味着要削弱产品的存在感。如果看不到产品的核心卖点，用户最多只是笑一笑、点个赞就会离开，而不会购买产品。

二、分析测评法

分析测评法也是近年来比较受欢迎的植入广告的方法之一，其中，手机、化妆品等产品使用这种方法的频率较高。这种方法比较适用于直播，因为短视频受到时长的限制。创作者虽然可以将直播的精彩片段剪辑成短视频，但毕竟内容不够完整。

分析测评法运用起来没那么简单，如果只是将产品全方位地展示一下，再照着官方通稿念几句话那么简单，品牌商就不需要花费精力去寻找合适的创作者了。

创作者当然可以参考品牌商提供的产品简介，但不能没有自己的见解。还有一些创作者喜欢用对比法来烘托产品的优点，不过最好不要明确指出对比的品牌，否则很容易引来不必要的麻烦。

三、热点结合法

创作者对"蹭热点"这种做法应该都不陌生。将推广内容与热点融合到一起创作短视频也是植入广告的有效方法之一。有一段时间，很多学生都在上网课，三只松鼠抓住这个热点迅速创作了一条与网课有关的短视频，这条短视频很快就火了起来。其运营团队还十分关注微博的热搜榜，有什么合适的热门话题都会想办法蹭一下。

不过，在寻找热点的时候，创作者也要注意对热点进行筛选，那些与品牌商有利益冲突的热点是一定不能选用的。

2.3　直播变现：难度高、收益大的变现方式

现在，人们越来越习惯从网上购买自己需要的商品。除了淘宝、京东等电商平台，消费者也会通过直播间选购商品。对想要在抖音平台上大展拳脚的运营者来说，直播变现也是一种非常值得考虑的变现方式。

直播变现主要有两种方式。第一种方式是直播间打赏，主播不一定要推销商品，只需要直播自己擅长的内容。观众在表达对主播的喜爱时往往会给主播打赏礼物，主播就能从中拿到分成。这其实是一种短平快的变现方式，就算是刚刚加入抖音平台的新人也可以快速上手。主播可以选择和一些公会签约，公会可以为他们提供流量方面的支持。

第二种方式是带货直播。带货直播实际上是有一定难度的，对主播的要求比较高。刚开始尝试带货的主播往往只能推销签约公司自主研发的一些产品，这些产品的客单价一般比较低。主播积累了一定的经验之后，就可以推销一些客单价格更高的产品，获得更高的收益。积攒了足够的人气之后，如果各方面条件都具备，主播甚至可以创建自己的品牌，获得更大的主动性。

抖音直播变现的发展时间比较短，与一些专业的直播平台相比，可能在机制上还有不足的地方。不过，抖音平台也有自己的优势，例如，平台的流量十分庞大，主播可以使用平台自带的美颜功能，在形象上获得不少加分。

直播变现对主播能力的要求比较全面。下面介绍在抖音上做直播要注意哪些事项（见图2-3）才能营造良好的直播氛围，并顺利地完成变现。

图 2-3　在抖音上做直播的注意事项

一、撰写脚本

撰写脚本是主播在开直播之前要做的一件最基础也是最重要的工作。事实上，脚本就相当于演员在拍戏之前要拿到的剧本，说什么话、做什么事都要提前规划好。

到了正式的直播环节，主播就不能再像彩排时那样轻松，特别是采用带货直播这种形式时，每一项工作的完成时间都要精确到分钟甚至秒，只有找准节奏才能让直播顺利地进行下去。

虽说直播多多少少有一些临场发挥的成分，但也不可能在没有脚本的情况下完全依靠个人反应完成长达几个小时的直播。不要以为经验丰富的主播就可以抛弃脚本，虽然他们的能力比新手强许多，但依然需要细致的脚本来避免直播过程中可能出现的各种意外。

在彩排的过程中，主播不需要完全按照脚本内容完整地走一遍流程，因为这样做会消耗大量的时间与精力，主播要自行判断、提炼脚本中的关键内容。

二、发布预告

喜欢网购的人多半对"双十一""双十二"这类购物节非常关注，也会注意到这样一种现象：各大电商平台都会提前好几天发布预告，参与活动的品牌店铺也是如此。同理，主播最好在做直播之前发布预告，目的是吸引新老粉丝前来观看。预告的发布要正式且隆重，如果只是在短视频的评论区或其他地方轻描淡写地提上一句，即便账号的粉丝很多，预告的效果也不会太好。

利用短视频发布直播预告要注意两个要点。

第一，封面很重要。预告的形式多种多样，包括短视频、图文、海报等，无论什么形式的预告，都会有一个封面。主播无论是在抖音上发布短视频预告，还是在其他社交平台上发布图文预告或海报预告，都要把封面做好，保证封面涵盖直播的关键信息，还要注意图片设计、颜色搭配等细节，充分展示直播时间、进入直播间的方式等重点信息。

第二，保证准时开播。主播如果没有在预告时间出现，即便是忠诚度较高的粉丝也会对其产生不好的印象。如果这种行为屡次发生，还有可能会影响账号的权重。因此，发了预告就要准时开播。

三、重视互动

没有互动的直播从根本上来说是不合格的，用户还不如直接去看短视频。

提到互动，知名主播李佳琦是很好的学习对象。人们基本看不到其直播间的气氛变冷，虽然他不可能与每一位用户进行互动，但绝对不会全然忽视观众的留言。他经常挑一些比较有价值或比较有代表性的问题进行解答，好让观众产生参与感。

在直播的过程中可以通过多种方式与观众进行互动，主播在练习时要注意加入互动环节，不能将直播变成一个人的自言自语。

2.4　电商变现：通过抖店卖货获取收益

抖音平台上的主播可以选择为自己带货，也就是在抖音上申请开通小店，然后经营自己的店铺。这种变现方式也可以获得非常好的效果，很多主播通过拍摄一些非常有创意的带货视频，把自己的抖音小店经营得红红火火。

抖音店铺的开通条件并不复杂，只要主播的粉丝数量超过 1000，并且已经累计发布了超过 10 条抖音视频，就可以开通自己的商品橱窗销售商品了。

抖音店铺的经营十分方便，抖音平台的推荐算法会把观众喜欢的商品精准地推送给他们，帮助主播提升销售的成功率和效率。

抖音电商的发展前景很好，很多行业外的人都被其吸引，加入了抖音电商的行列。不过，对刚加入抖音平台的新人来说，做好抖音电商并不是一件容易的事情，其中有很多细节需要注意。

电商变现与直播变现、广告变现这两种变现方式相比，最大的不同在于其重点是所销售的商品，虽说直播内容也是打动顾客的重要工具之一，但商品质量才是获取源源不断的收入的根本。销售更受用户欢迎、更有质量保障的商品才是抖音电商长久运营的关键。

抖音电商选品需要注意的事项如图 2-4 所示。

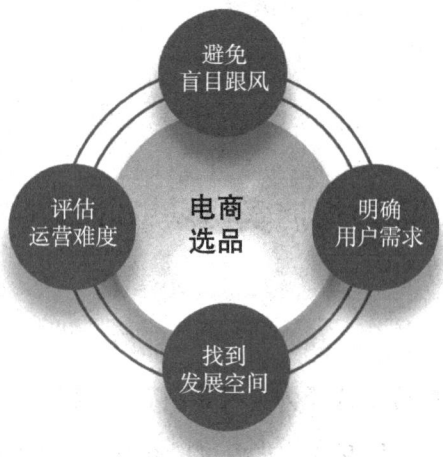

图 2-4　抖音电商选品需要注意的事项

一、避免盲目跟风

缺乏经验的电商新手对那些打造出爆款产品的抖音号有强烈的信任感，常常以爆款产品作为选品的标准。从总体上说，将目光放在爆款产品上也没有什么太大的问题，毕竟这些产品有独特之处，电商新手的确可以从中获得一些有价值的信息。例如，爆款产品的核心卖点是什么、具备哪些独特之处、与竞品相比有哪些优势等信息能够帮助电商新手制定初期的选品规划，确定大致的选品范围。

但是，在抖音上做电商不能完全跟着爆款的方向走。市场非常容易出现变化，没有人敢肯定地说销售某款热门产品就可以稳赚不赔。电商新手要考虑哪些热门产品适合自己销售，而不能毫无主见、机械地跟随当时的潮流去选品。

二、明确用户需求

用户的需求越强烈，产品的销量往往就越高，运营者从销售中获得的收益也就越多。对电商新手来说，某些热门领域虽然比较拥挤，但用户需求非常旺盛，在这些领域中找到细分市场是十分正确的选择。

即便是小众市场，也并非毫无机会。有些小众市场虽然用户规模比较小，但用户的需求和消费欲望都很强烈，这类市场可以试着开发一下。

归根结底，运营者必须将用户需求放在核心位置，在正式做出选品决定之前，一定要问自己几个问题：该产品是否拥有击中用户痛点的能力？该产品能够帮助用户解决什么问题？用户需求是否强烈？这些都是最基本的问题。产品只有满足这些基础条件，才可以放到候选品的列表中。

三、找到发展空间

这里说的发展空间主要包括两个方面：一方面，产品的生命周期要长，不能昙花一现；另一方面，产品的改造空间要大，包括外形、功能、材质等。对电商而言，产品的改造空间越大，产品的价值也就越高。在选品时，不要选择那些很容易就被替代的产品，否则运营风险就会大大增加。

四、评估运营难度

运营难度越高的产品，对新手来说越不友好。那么，哪些因素会提高运营难度呢？

首先，易碎品或生鲜产品在运输途中的稳定性较难保证，如果没有一个可靠的供应链，运营者就很有可能在短暂的销量上升后收到无数的差评。其次，售后是一个很重要的环节，售后负担过重也会提高运营难度。

另外，刚刚起步的新手就不要尝试多产品协同运营的模式了，这种模式会给运营者带来巨大的压力。如果团队人手不足，就难以维持正常的运营。

完成选品之后，许多运营者还会发现这样一个问题：明明自己选出来的产品与某些店铺差不多，但购买者却寥寥无几，而相似店铺的销售却格外火爆，这是为什么呢？主要原因是运营者没能充分挖掘用户的痛点，用户在没有受到触动的情况下自然不会产生购买的冲动。

2.5　课程变现：教育培训领域的首选变现方式

现在有一个很流行的概念叫"知识付费"，意思就是让观看者为获取专业知识而付费。知识付费变得越来越普及，获取专业建议需要付费，在线学习专业课程需要付费，这些都是比较直观的知识付费的形式。

抖音平台同样支持知识付费，创作者可以将他们掌握的专业知识通过视频课程的形式传达给观众，这种变现方式可以称为课程变现。课程变现这一变现方式的优势在于不需要太多的粉丝，就能获取一定的收入。假设创作者拥有1万粉丝，并且粉丝都愿意为课程付费，那么这个账号给创作者带来的收入很可能并不亚于拥有500万粉丝的娱乐类账号所产生的收入。

抖音平台的运营团队非常灵敏，十分擅长捕捉时代热点。抖音平台在引入课程内容方面是十分积极的。例如，"樊登读书""艾麦思数学"等都是在抖音平台上通过知识类视频或课程获得成功的账号。

通过抖音平台现行的在线课程销售规则，我们可以看出其对教育赛道持鼓励发展的态度。课程销售对抖音平台来说是一个获利的良机。不过，在起步阶段，为了激励创作者，抖音平台只抽取收入的一小部分作为分成，销售课程得到的大部分收入归课程创作者。当前课程变现的分成比例优于其他变现方式，因此吸引了很多创作者。

下面介绍几种在抖音平台上比较受欢迎的课程类型（见图2-5）。

图 2-5 抖音平台上比较受欢迎的课程类型

一、教育类课程

该类课程主要包括初高中的基本课程与大学的一些专业课程，主要受众是学生群体。很多学生都可以在抖音上找到适合自己的课程。当然，也有一部分用户只是对教育类课程比较感兴趣，想要通过学习这些课程丰富一下自己的知识。

虽说教育类课程看上去比较中规中矩，但其商业潜力很大，原因有两个方面：一是受众广泛，而且用户需求也十分旺盛；二是优势明显，传统的课堂教学虽然无法被彻底取代，但网络授课的形式越来越受到人们的欢迎。

二、游戏类课程

在抖音上，游戏领域原本就很火热，聚集了大量的游戏爱好者。其中很多人尤其是游戏新手都希望通过轻松有趣的方式学习一些游戏知识和操作技巧。

抖音上的热门游戏主要有《王者荣耀》《英雄联盟》《绝地求生》等，这些游戏本身就自带热度，玩家规模、游戏知识需求量也很大，所以相关的游戏类课程的销量也非常可观。不过，游戏类课程的定价普遍不是很高，从几块钱到几十块钱不等，一般不会超出这个区间太多。

三、亲子类课程

亲子类课程的变现潜力很大，因为抖音上不乏刚成立家庭或初为人父母的用户。这类用户的年龄一般不是很大，而且思想也比较开放。他们十分重视婴幼儿的教育，而且往往非常信任专家的建议。

亲子类课程有许多细分类别可供用户挑选，如学龄前儿童的益智启蒙、婴幼儿的营养搭配、幼儿情商培养等。这些课程的内容比较实用，也非常容易受到儿童家长的欢迎，创作者不需要做太多的营销推广工作，只要把课程内容做扎实，就可以获得大量的付费用户。

四、技能类课程

技能类课程涉及的内容十分丰富，比较常见的技能类课程有绘画、书法、写作课程等。这些课程的受众很广，而且门槛不高，各个年龄层、不同性别的用户都可以学习。

抖音上的技能类课程有不同的定位，既有零基础课程，也有专业能力提升课程，可以充分满足各类用户的需求。此外，还有一些比较独特的技能类课程，如泰拳、格斗、特效制作课程等。有许多用户此前对这些领域的了解不多，但在抖音上看到课程介绍后对其产生了兴趣。

五、情感类课程

情感类课程不等于心灵鸡汤，那些优质的情感类课程对现实生活还是很有帮助的。例如，以职场社交、恋人或夫妻关系等为主题的课程所传授的内容完全可以在生活中应用、实践。不过，与上述几类课程相比，情感类课程"掺水"的概率更高一些。

对情感类课程感兴趣的用户往往更容易发生冲动消费，这也是部分创作者不用心打磨课程内容、把更多的时间和精力花在营销推广上的原因之一。但是，以这样的态度开展运营是不可能获得长远发展的，持续输出价值不高的课程必然会造成口碑下降、粉丝流失。准备通过情感类课程完成变现的创作者还是要把工作重心放到提高课程质量上。

2.6　出售账号：账号做不大时可以选择的变现方式

抖音平台上的变现方式还有很多，不同的人都有机会掘到属于自己的那桶金。下面介绍一种在没有顺利完成流量变现的情况下可以采用的非常规的变现方式——出售账号。

一、出售账号可以获利

很多人接触过网络游戏，这里就以出售游戏账号获利为例讲解一下为什么出售抖音号可以获利。

有些玩家玩某个游戏一段时间之后觉得腻了，想要换一个新的游戏玩。在该玩家决定彻底退出该游戏的时候，游戏账号里面已经积累了一定的虚拟财富，如游戏账号里面的游戏币、游戏道具、人物装扮等。该玩家可能花费了相当多的精力和时间才获得了这些虚拟财富，一下子全部丢弃会觉得很可惜。此时，该玩家可以选择把自己的账号出售给其他玩家，这就是相对常见的游戏账号变现。

出售账号的行为在游戏领域是比较常见的，因为游戏账号和虚拟道具对其他玩家来说是有价值的，可以帮助他们节省获取道具的时间和精力。想象一下，如果你是账号购买者，一进入游戏就拥有一个装备齐全的满级账号可以畅玩，游戏体验肯定要比从零开始苦苦升级好很多。

理解了游戏领域的虚拟账号交易，就不难理解出售抖音号同样可以获利了。抖音号也是一种虚拟账号，但在现实世界中具有一定的价值。账号运营一段时间之后，账号发布的视频、积累的粉丝数和点赞数等都是有一定价值的。当账号的运营情况没有达到运营者的预期，或者运营者想要换一个方向运营账号，或者因为自身创作能力不强，想要退出抖音平台，但又不希望之前的投入全都付诸流水时，出售账号就是一个可以考虑的变现方式。

具备一定实力的抖音号在很多商家眼中是有很高价值的。现在，抖音是短视频行业的头部平台，具有一定粉丝基础的抖音号具有相当大的发展潜力，很多商家愿意购买这种账号。买下这种有粉丝基础的账号后，商家可以通过自己的运营方式把这些账号发展起来，创造更大的商业价值。

购买抖音号的需求是比较旺盛的，有需求就会有市场，市场上出现了专门收购抖音号的公司。这些公司大量购买有一定基础的抖音号，因为培养这些账号的速度比从零开始培养账号快得多。购买账号的公司能以更快的速度获得收益，因此对这些公司来讲，这也是一笔划算的买卖。

在抖音号交易市场上有各种类型的抖音号，而且价格一路走高。一般来说，抖音号的价格与其所处领域及粉丝数量有比较大的关系。热门领域的账号价格较高，粉丝数量多的账号价格也会水涨船高。举例来说，目前一个拥有 10 万粉丝的情感类账号的价格可以达到 7000 元以上，如果账号的粉丝量达到几十万，其价格甚至可以达到上万元。

二、如何通过出售账号完成变现

出售抖音号确实是一个商机，创作者可以出售自己一直运营的主账号，还可以出售自己的次账号，也就是所谓的"小号"。一些创作者有丰富的账号运营经验，能实现新账号快速涨粉，他们可能会将开设新账号和出售账号作为主要的变现方式，批量出售抖音号。

下面介绍一下通过出售抖音号变现需要注意的事项（见图 2-6）。

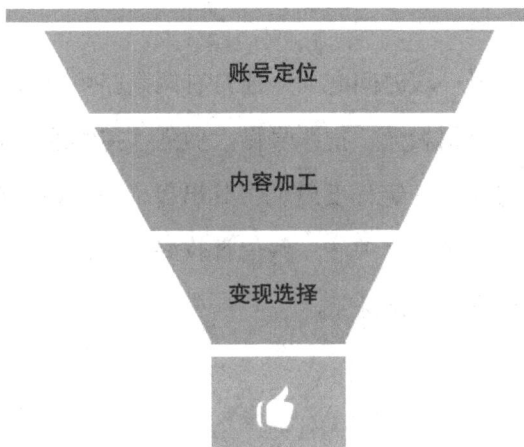

图 2-6　通过出售抖音号变现需要注意的事项

1. 账号定位

创作者在建号之初就要考虑好账号的定位。账号定位精准对未来通过出售账号变现有非常多的好处。运营抖音号的最终目的是获得收入，因此创作者一定要选择更容易被大众接受的定位。例如，当下比较热门的健康、股票、美妆等领域吸引了更多的流量，创作者通常不需要花很长的时间就能够吸引数量可观的粉丝，而一些冷门领域可能需要创作者花费很长的时间去运营账号，最后未必能得到很好的效果，导致账号的价格上不去。

2. 内容加工

选择了通过出售账号变现这条路的创作者，可能有不少人的原创能力比较差，那么，如何在原创能力不强的情况下把账号的运营工作做好呢？

在这里提供一个思路。目前，抖音平台上有很多搞笑类视频，其中一些视频的点赞量和播放量在几十万甚至上百万，而且这些视频不需要创作者出镜，只需要搜集一些素材进行拼接和二次加工，再配上音效和字幕等就制作完成了。这种视频的制作难度比纯原创视频低得多，只需要做一些视频剪辑和后期加工，但作品吸引流量的能力并不弱。

3. 变现选择

创作者运营抖音号一段时间之后，通常有两条路可以选择：一条路是继续运营账号，通过作品吸引粉丝，把账号做大做强，持续通过流量获得收入；另外一条路就是把账号做到一定程度后就将其出售，一次性变现。当前，抖音号交易市场很活跃，创作者可以关注一些信誉较好的交易平台，在保证安全性的前提下尝试通过出售账号完成变现。

第 3 章

教育赛道抖音号变现
经典案例

"百年大计，教育为本。"教育方面的话题一直都是大众关注的热点。不少抖音号运营者将目光投向了学前教育及成人教育。目前，抖音平台教育赛道上的热点主要包括面向未成年人的学前教育，面向成年人的语言类教育、个人成长及艺术教育。

3.1 幼师口袋：幼儿手工与手指舞

一、账号运营背景

近年来，国家生育政策有了很大的改变，未来与幼儿相关的行业一定会有更好的发展前景。当然，幼儿教育也一定会受到家长和社会的重视。

"80 后""90 后"家长对幼儿教育问题非常重视，因为他们中的很多人接受了现代化的高等教育，对教育问题有更加深入的思考。相比于老一辈的人，他们更加注重教育的科学性，同时更加注重儿童心理健康和兴趣爱好的培养，这为创作者制作幼儿教育类短视频提供了方向和思路。

二、账号运营值得借鉴之处

幼儿教育行业的从业者多半对"幼师口袋"并不陌生。"幼师口袋"是专门为全国 250 多万名幼师提供服务的在线教育品牌，旨在通过互联网传播幼儿教育课程，帮助幼师提高课堂教学质量和教学效率，守护幼儿健康、快乐、充实的幼儿园生活。

"幼师口袋"在多个平台上开展运营，其抖音号是抖音教育赛道上幼师这一细分领域的头部账号。截至 2022 年 4 月，该账号的粉丝数超过 369 万，获赞超过 1270 万次。

1."幼师口袋"提供的内容非常全面

"幼师口袋"提供的课程主要是教学方面的，包括各类专业课程和儿童心理学课程，可以帮助教师更好地掌握科学的教育方法。

"幼师口袋"提供的内容涵盖了幼师日常工作的各个方面，包括玩教具制作、游戏设计、活动组织、教学研究、教案撰写、处理与家长的关系等，对幼师来说具有较高的实用价值。

2."幼师口袋"注重内容的思想性与人文性

"幼师口袋"的很多视频具有一定的思想性与人文性，有利于帮助幼师群体形成正确的教学态度和价值观。

（1）"幼师口袋"注重宣传平等对待学生的观念。例如，《我们一起守护来自星星的孩子》这个视频主要关注自闭症儿童，强调应当以平等、关爱的态度对待这些儿童。

（2）"幼师口袋"注重爱国主义教育。例如，《如何告诉孩子，什么是'国家公祭日'》这个视频从学生的角度出发，以简洁易懂的方式，介绍了有关"国家公祭日"的知识，有利于从小培养学生的爱国主义情操。

（3）"幼师口袋"注重将我国优秀的传统文化融入教学。例如，《怎么给孩子介绍二十四节气》这个视频介绍了节气的概念；《教师节，告诉孩子这3件事》这个视频宣扬了尊师重道的观念，可以让学生受益一生。

3."幼师口袋"的带货方式比较巧妙

"幼师口袋"的主要受众是受过一定教育的青年女性，因此其带货方式针对性较强。例如，《幼师姐妹们的宝藏笔记本》这个视频看起来是幼师之间分享经验的视频，但实际上是一个销售笔记本的带货视频。这个视频的标题和形式符合年轻人的口味，容易吸引目标受众观看。

三、同类账号运营及变现注意事项

幼师类抖音号运营及变现注意事项如图 3-1 所示。

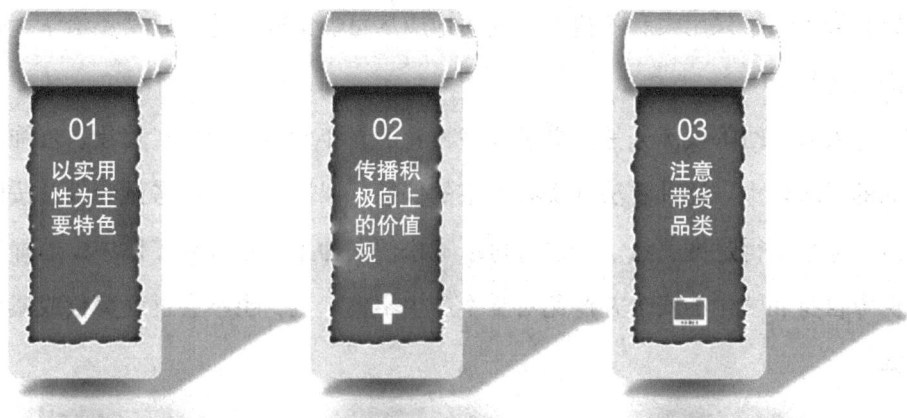

图 3-1　幼师类抖音号运营及变现注意事项

1. 幼师类抖音号要坚持以实用性为主要特色

教师群体是一个需要终身学习的群体，幼师为了不断提高自身的教学水平，往往会通过各种渠道不断地学习。幼师类抖音号之所以受到幼师及有志于从事幼教工作的观众的广泛欢迎，主要是因为其发布的内容具有较高的实用价值，可以帮助他们提高学习效率，进而促进其职业发展。

2. 幼师类抖音号要坚持传播积极向上的价值观

社会对教师有较高的职业道德要求。幼师类抖音号传播的内容对幼师有潜移默化的影响，因此必须坚持传播积极向上的价值观和正确的教育理念，例如，幼师要对学生进行科学合理的评价，要以发展的眼光看待学生等。

3. 幼师类抖音号要注意带货品类

幼师群体以中青年女性尤其是青年女性为主，学历以中专至大专为主，部分地区接受过高等教育的幼师数量较多。

鉴于以上特点，幼师一般对教育教学用品的需求较大。例如，幼师的日常工作比较琐碎，幼师需要具备较强的时间管理和工作安排能力，因此日程本、工作手册等用品容易受到幼师群体的欢迎。由于这类用品经常在教室中使用，所以其颜色最好采用柔和的色系，其质地应尽可能柔软一些，以避免给学生带来潜在危险。

有人认为幼师大部分是接受过较好教育的青年女性，因此对美妆、首饰等商品的需求较大。这种看法其实有严重的偏差，以幼师资格证考试为例，按照规定，考生不得过度美妆，衣着打扮以宽松便利为主。在日常工作中，幼师为了保障自身和学生的安全并避免对学生产生不良示范，也不会过度美妆或佩戴首饰。

3.2 MM 老师：英语学习

一、账号运营背景

线上教育突破了时空限制，让用户可以随时随地学习，共享优质课程资源，因此是促进教育公平的有效手段之一。线上课程内容丰富、形式多样、更新速度快，能够满足各类用户的学习需求。从用户的角度来说，他们可以自由选择自己感兴趣的课程和老师并与其互动，这反过来可以促使老师及背后的课程开发人员不断优化课程和教学手段。

近年来，抖音平台上的教育赛道呈快速扩张的趋势，不同的细分领域都出现了头部账号，其中一些获得了数百万的粉丝，因此创作者在这个赛道上大有可为。

二、账号运营值得借鉴之处

"MM 老师"是抖音平台教育赛道上英语教育这一细分领域的头部账号。截至 2022 年 4 月，"MM 老师"在抖音平台上的粉丝量超过 620 万，获赞超过 1960 万次。

1. "MM 老师"的定位十分明确

"MM 老师"提供的内容全部是英语教学方面的，主要包括英语单词和语法、面向无基础人士的常用英语口语及融入了趣味元素的实用英语。

"MM 老师"的绝大多数视频是关于英语单词和句子的，学习门槛较低，适合儿童及没有英语基础的观众观看。部分视频侧重于音标和字母拼读，主要是为儿童以及无英语基础的观众准备的。该账号在内容安排上循序渐进，有利于在一段较长的时间内持续吸引观众。

2."MM 老师"的视频采用的讲解方式简明易懂

"MM 老师"为了便于观众理解内容，主要采用形象化、口语化的教学方式。例如，《一张图搞定介词》这个视频通过图片介绍介词的用法并指出常见错误，降低了学习难度。《be 动词》这个视频将一般现在时态下的 be 动词用法编成口诀，帮助学生快速掌握其用法。

"MM 老师"提供了大量的自然拼读类视频，而自然拼读法是目前大量英语老师和教育机构所倡导的，已经被证明确实有效。

3."MM 老师"的视频与学生的生活结合紧密

"MM 老师"的视频与学生的生活结合紧密，有些视频还会兼顾已经完成学业、离开学校的青年。例如，《"吃鸡"必备 7 句英语》这个视频面向喜爱网络游戏的群体，帮助他们解决了在游戏中可能遇到的英语沟通问题，有利于增强这部分观众的黏性。

三、同类账号运营及变现注意事项

教育类抖音号的运营具有较强的专业性，必须保证内容的有效性和实用性。同样重要的是，教育类抖音号要坚持传播有利于儿童发展的、健康向上的价值观。

教育类抖音号变现要遵循图 3-2 所示的原则。

图 3-2　教育类抖音号变现应遵循的原则

1. 带货商品应当与账号内容相关

教育类抖音号可以销售一些教育用品，例如，与文具品牌开展合作，推出联名款文具；也可以销售与账号内容有关的用品，如课程中用到的教具及用于训练学生专项技能的用具。

2. 遵守法律法规和现行政策

2021 年 7 月，中共中央办公厅、国务院办公厅印发《关于进一步减轻义务教育阶段学生作业负担和校外培训负担的意见》，要求校外培训机构不得占用国家法定节假日、休息日及寒暑假期组织学科类培训。教育类抖音号要遵守现行政策，不能以销售教育用品为幌子行销售学科类培训课程之实。

3. 保证商品质量

广大家长对"毒文具"持零容忍的态度，如果发现教育类抖音号推荐的商品有质量问题，一定会坚决维护自身的合法权益。因此，教育类抖音号必须高度重视带货商品的质量，避免劣质商品对用户造成伤害，否则账号的持续运营都成问题，变现就无从谈起了。

3.3 樊登读书：图书推荐

一、"樊登读书"独特的矩阵模式

你有读书的习惯吗？说到抖音平台上的荐书账号，很多人第一时间想到的就是樊登。如果你也经常刷抖音短视频，同时保持着阅读的习惯，那么你应该对"樊登读书"这个账号有非常深刻的印象。即便你不经常读书，你在刷抖音的时候应该也刷到过与"樊登读书"相关度很高的短视频。

对广大创作者来说，"樊登读书"是值得研究的账号，因为该账号在打造矩阵方面非常成功，在整个抖音平台上都是非常经典的案例。

在矩阵的布局规划中，矩阵规模、账号数量都是非常重要的因素。以"彭十六"为例，虽然其也在走矩阵路线，但其在抖音上的账号只有几个。"樊登读书"采用的是系列矩阵与细分领域相结合的模式，即以"樊登读书"为主账号，同时开发了上百个次账号——是的，"樊登读书"在抖音上的矩阵规模就是如此惊人。

之所以会出现这种难以被普通运营者所复制的矩阵，主要是因为"樊登读书"的线下产业链有一定的特殊性。"樊登读书"的收入主要来自线下不断增加的代理商，这种发展模式使"樊登读书"的团队力量非常充足，每个线下分会负责一个次账号的运营完全没有问题。不过，为了运营如此庞大的矩阵，"樊登读书"在享受其带来的经济效益的同时也承受着很大的运营压力。

如何协调好主次账号之间的关系，以便保持运营方向的一致性呢？这是一个很棘手的问题。

二、账号运营值得借鉴之处

下面分析一下"樊登读书"在矩阵运营方面的技巧（见图 3-3 ）。

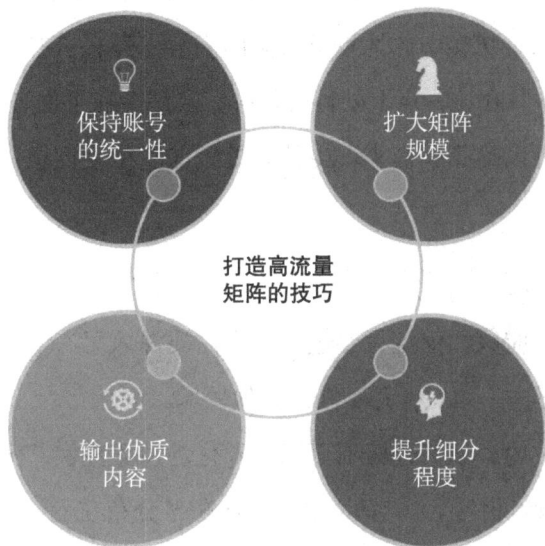

图 3-3　"樊登读书"在矩阵运营方面的技巧

1. 保持账号的一致性

"樊登读书"开发的大多数次账号基本上都能让用户一眼就看出这是与"樊登读书"品牌挂钩的，因为其系列账号差不多都是按照统一标准来包装的。

首先，次账号名称都带有"樊登"这两个字，头像也是以人像与文字两种形式来呈现的；其次，运营者为每一个次账号都做了企业号认证，蓝 V 标志可以使系列账号的可信度增强。最后，账号简介也为品牌运营提供了很大的帮助，次账号会在简介中放上相似度较高的福利内容及官方网站链接，以便实现更加高效的引流。

2.扩大矩阵规模

如果"樊登读书"选择一般的矩阵布局，最多发展十几个次账号，那么其获得的成就肯定不如现在，品牌影响力也不会像现在这么强。一个人向你介绍某品牌，你可能转头就会忘记；10个人向你介绍这个品牌，你对这个品牌的印象就会加深；100个人向你介绍这个品牌，你肯定不会忘记这个品牌。当然，如果这100个人只是喋喋不休地重复相同的内容，那么被推荐者肯定会产生厌烦情绪。"樊登读书"在这一点上处理得很好，我们会在下面进一步分析。总之，矩阵规模的扩大可以给品牌带来不少的好处，如宣传力度增强、品牌知名度上升等。

3.提升细分程度

上百个次账号应该如何定位？这是一个需要深入思考的问题。"樊登读书"选择的是阅读学习这一领域，并不涉足其他领域。

在同一个领域内，如何开辟上百条差异化的道路呢？"樊登读书"的操作非常值得广大运营者借鉴。"樊登读书"的次账号分布在爱情、家庭、职场、校园等比较常见的领域，很多账号经过进一步的细分，其定位的垂直化特征更加明显。就拿家庭教育来说，你可以找到专注于家庭教育、亲子、成长等不同方面的次账号，每一个账号都有自己的目标用户。在如此细致的划分下，"樊登读书"的次账号数量虽然在不断增加，但不会给人一种重复或混乱的感觉，就像一个个排列有序的格子，每个格子都有自己的匹配对象。

4.输出优质内容

"樊登读书"这个品牌具有一定的特殊性。普通用户往往认为其运营人员受教育程度都比较高，文案、内容的质量也高于一般水平。毕竟，一个专门做好书推荐的品牌，如果连内容都做不好，就很容易被别人质疑。

"樊登读书"的矩阵布局为其高效输出内容提供了不少帮助。首先，上百个次账号可以保证内容源源不断地输出，即便某个账号在某天断更也没有关系，普通用户接收的信息量依然很大。其次，每个次账号都有自己的细分定位，这使账号运营者不会在创作内容时出现方向上的模糊。

此外，"樊登读书"在内容的总体规划上也确实花了不少心思。在"樊登读书"运营主账号初期，其发布的短视频反馈并不算太好，相关数据表现不佳。"樊登读书"很快就改变了内容输出的方向，紧跟抖音流行风向来做内容，其短视频的热度才渐渐上升。

3.4 何卷卷：声乐教学

一、账号运营背景

现在，抖音平台上的声乐教程及歌曲练习技巧类视频越来越多，很多视频的热度很高。这个细分领域吸引了很多颜值高、多才多艺的博主，是创作者的一个好选择。

相比于线下课程，线上声乐教学课程有比较大的优势，除了学习方便和价格便宜，抖音上的声乐教学视频通常会把在线下学习声乐时一些比较枯燥的练声部分剔除，只保留观众可以快速掌握的一些实用技巧。观众观看一段时间的视频或直播，就能快速掌握把声音变好听的技巧，产生一种自己进步很快的感觉，学习体验会更好。基于这些原因，声乐教学视频受到了不同年龄段观众的喜爱，因此创作者在声乐教学视频领域的发展空间是很大的。

二、何卷卷的独特之处

何卷卷是高校的声乐教师、武汉音乐学院毕业的声乐硕士，擅长美声、民族、流行等声乐唱法。作为声乐老师，她受到过中央电视台的推荐，在各个网络平台上拥有数百万的粉丝。她曾经获得过中国星流行音乐大赛冠军和音乐金编钟奖美声组优秀奖，在武汉室内交响乐团担任过首席女高音，是中央电视台《越战越勇》节目"银话筒"荣誉获得者，作为表演嘉宾出席过《同一首歌》大型歌会，在意大利贝利尼国际音乐比赛上获得了声乐二等奖，还曾经多次成功举办独唱音乐会。

三、同类账号运营及变现注意事项

在抖音平台上的声乐教学博主需要注意的事项如图 3-4 所示。

图 3-4　声乐教学博主需要注意的事项

1. 打造个人 IP

以声乐教学博主何卷卷为例，她的个人履历是非常亮眼的，观众们容易对她产生信任感。何卷卷后续增长人气变得很容易，粉丝量增长也很快。

创作者进入这个领域时，要尽量给自己打造个人 IP，尤其是要打造具有个人特征的 IP。越是特点突出的博主，越容易被观众记住。就像人们一提到美妆带货主播就会想到李佳琦，这说明他的个人 IP 塑造得非常成功。

在声乐教学领域，观众的认可度与博主的专业能力有非常大的关系。如果创作者在声乐的某个方面具有突出的能力，如专精说唱唱法，就比较容易树立个人IP。在抖音平台上的声乐教学领域，越来越多的主播将打造个人IP作为发展的主要路径，通过鲜明的定位提高自己的知名度。

2.注重专业垂直

专业垂直，就是对某个专业领域有深入的了解，或者在某个专业领域有非常丰富的经验。如果你想做声乐教学视频，但你的唱歌水平却比较一般，那么观众就很难被你的视频所吸引，吸引粉丝就变得更加困难了。声乐教学这个领域对专业能力的要求是比较高的。

在现在的抖音平台上，只做单一的专业领域可能比较吃力，最好在聚焦某一专业领域的同时适当兼顾其他领域。当然，这并不是非常容易做到的，毕竟在声乐领域中就算是相近的细分领域也需要进行深入的学习，这非常考验博主的能力。

3.展现个人魅力

与其他教学类视频不一样，声乐类教学视频的表现力很强，与观众的互动很多。创作者要想快速增加粉丝，就要拥有较强的个人魅力。

除了唱歌好听、专业基础扎实，能让观众从视频中学到专业知识，创作者还要通过直播等方式打造、展现自己的人格魅力。例如，有一些博主颜值高，有一些博主性格好，有一些博主擅长搞笑，这些都是个人魅力的表现形式。创作者可以根据自身的特点，有意识地向观众展示自身性格中积极向上的一面，塑造个人IP，加深观众对自己的印象。

第 4 章

娱乐赛道抖音号变现经典案例

随着工作、生活压力的增大，娱乐在人们的生活中占据越来越重要的地位。影视、萌宠、幽默搞笑是抖音平台文化娱乐赛道上的热门话题，也是网络文化的重要组成部分，拥有广泛的受众。抖音平台最初就是靠音乐分享类视频发展起来的，抖音平台本身就具备较强的趣味性和娱乐性。

现在，人们的休闲娱乐时间出现了"割裂"，碎片时间增多，整块的娱乐时间相对较少。抖音平台上的视频时长较短，满足了人们的碎片化娱乐需求。

4.1　毒舌电影：电影推荐与评论

一、账号运营背景

电影是重要的娱乐方式之一，具有较强的视听直观性，能够兼容已有的其他艺术形式。民众的精神文化需求日益增加，这是电影产业和电影文化类抖音号持续发展的社会基础。根据"十四五"规划，国家电影局发布《"十四五"中国电影发展规划》，强调要建设电影强国。这为电影产业和文化的发展繁荣提供了有利的环境，也是电影产业和电影文化类抖音号发展的政策基础。

人们对电影文化类内容的需求日益增加，但现在人们的休闲娱乐时间呈现"割裂"状态。一部常规的电影需要观众花至少几十分钟观看，这与目前人们娱乐时间碎片化的现实不匹配。

电影文化类抖音号正是在这种矛盾下出现的。这类账号可以在短时间内为观众提供结构较为完整的故事，将长达一个多小时的电影的主要内容在几分钟内说清楚。

此外，抖音平台本身的技术更新和相关政策的出台也为电影文化类抖音号的运营提供了便利条件。2019 年，抖音平台解决了技术难题，取消了对视频时长的限制，这是电影文化类抖音号持续运营的技术基础。此外，购买部分影视作品版权的做法充分体现了抖音平台对电影文化的重视。

二、账号运营值得借鉴之处

"毒舌电影"是目前抖音娱乐赛道上比较热门的一个账号。2019年8月，"毒舌电影"进入抖音。初期，它只是一个粉丝规模在100万左右的账号，单条视频的点赞量不超过10万。其主要风格偏幽默搞笑，解说的趣味性极强，以风趣幽默的语言吸引粉丝。

2020年的新冠疫情让"毒舌电影"团队加强了对于社会热点的把握，他们主动将抗击疫情与视频制作有机地结合起来。例如，《为什么要戴口罩》以通俗易懂的形式宣传了戴口罩的重要性，描述了不戴口罩的危害；《这个小女孩战胜了埃博拉病毒》讲述了非洲某村庄通过科学的防疫手段战胜埃博拉病毒的故事，这个视频直击社会热点，获得了186万次点赞。

从2020年4月至7月，"毒舌电影"连续数周稳居抖音涨粉榜前10名，每月涨粉量达300万~700万。截至2022年2月，该账号的粉丝量已经超过6000万，获赞超过12.4亿次。其推出的视频合集"治愈""励志"的播放量均超过10亿次，视频合集"搞笑"的播放量近4亿次。

1. "毒舌电影"在内容选取上注重艺术性

"毒舌电影"能够将影片本身价值和社会价值有机地结合起来，其选择的绝大多数电影的豆瓣评分都在三颗星以上，有一定的审美价值和鲜明的艺术特点。其选取的影片主题往往与目前的社会热点密切相关，例如，2021年6月至7月，该账号解说了多部与我国近代革命史相关的电影。

2. "毒舌电影"的封面整齐美观

"毒舌电影"将拼图的手法融入视频封面，利用海报形成"三连"拼接，三个连起来的封面就像一张加长的电影海报。这不仅是出于格式美观的考虑，也有利于用户快速找到自己需要的信息，其带来的趣味性还有利于吸引新用户。

3. "毒舌电影" 的故事讲述方式简明清晰、易于理解

鲜明的解说风格是该账号区别于其他电影文化类抖音号的根本特征，其解说令观众有种身临其境的感觉。视频选取的电影画面多为没有字幕和配音的关键画面，有利于增进观众对电影主要内容的理解。视频的前 10 秒往往会营造特色鲜明的凄惨或痛苦的氛围，增加观众的观看兴趣。该账号的配音采用标准普通话，语速较快，便于观众理解。

此外，"毒舌电影" 拥有良好的公众号基础，包括稳定的初期粉丝来源和长期运营公众号所积累的影评经验，这些都是抖音号运营的宝贵财富。

三、同类账号运营及变现注意事项

电影文化类抖音号运营及变现注意事项如图 4-1 所示。

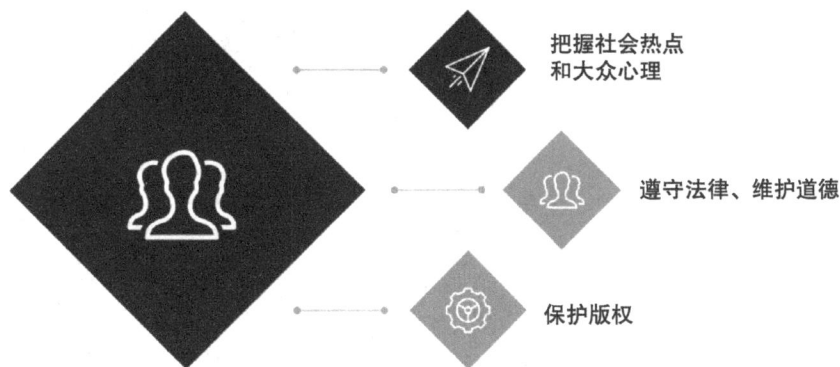

图 4-1　电影文化类抖音号运营及变现注意事项

1. 电影文化类抖音号要充分把握社会热点和大众心理

电影文化类抖音号要紧跟社会热点，并根据实时热点调整内容的方向和风格，这有利于增加视频的播放量。只有充分把握观众的心理，才能创作出观众喜爱的视频，进而增强其黏性。

2.电影文化类抖音号不能为了流量进行无底线的炒作

电影文化类抖音号要遵守法律、维护道德，兼顾经济效益和社会效益。抵制"万钟则不辨礼仪而受之"是从事媒体传播相关工作的前提和基础，也是遵守法律和道德的重要表现。抖音号面向大众传播内容，因此必须建立正确的价值观，对大众产生积极正面的影响。

3.电影文化类抖音号要注意保护版权

电影解说类视频的素材来源是电影本身，这类视频的制作是在已有画面的基础上进行剪辑和配音，进行二次创作的过程。在这个过程中，必须注意保护版权，避免侵权。

4.2 唐唐: "二次元" 文化

一、账号运营背景

"二次元"的原意是平面空间,后来逐渐引申为以二维平面为载体的漫画或动画。"二次元世界"与现实世界相对应。现在,"二次元"的概念已经泛化为包含动漫、小说、游戏等在内的艺术表现形式。

动漫在当代儿童和青少年的生活中占有重要地位,对世界观、价值观尚未成熟的未成年人有着不可忽视的影响。对于幼儿,动漫在其认识世界的过程中可以发挥辅助作用。对于青少年,"二次元"文化可以作为一种教育载体,用于弘扬我国优秀的传统文化。优秀的国产"二次元"作品往往具有艺术与传统并重的特点,包含丰富的知识,弘扬了道德。

二、账号运营值得借鉴之处

"唐唐"是目前抖音娱乐赛道上一个比较知名的"二次元"账号。该账号在运营不到 2 个月的时间内取得了涨粉超过 1000 万的惊人成绩。截至 2022 年 2 月,该账号的粉丝量已经超过 3000 万,获赞多达 5.4 亿次。其视频合集"唐唐动画精选"播放量高达 116 亿次;"唐唐电影解说"系列视频仅有 25 集,但播放量已达 8.6 亿次;合集"唐唐奇遇记"的播放量则有 1.8 亿次。

1."唐唐"背后的团队拥有丰富的视频制作经验

早在 2013 年，其创作团队成员就开始在优酷平台上创作并发布搞笑视频。目前，"唐唐"在抖音平台上发布的 600 多个作品具有特色鲜明、制作精良、动画效果专业的特点。

2."唐唐"的人物特色鲜明

主人公"唐唐"采用光头形象，又黑又粗的眉毛是其主要特征。另一角色"老牛"有牛的特征，长着一对大牛角。这种有血有肉的人物形象广受观众的喜爱。

3."唐唐"的视频更新速度较快，视频质量较高

在账号运营初期，"唐唐"每日更新视频。截至 2022 年 2 月，该账号的更新频率为每周四次。较快的更新速度能够维持观众的观看兴趣，增强粉丝黏性。该账号的视频质量较高，并有一定的教育意义。除了基于日常生活的搞笑视频，视频中还常常包含一些与生物科学或日常生活相关的知识。例如，《蜗牛中，也有超速的》的点赞量为 42 万次，《你的保温杯安全吗》的点赞量为 13 万次。这些视频寓教于乐，让观众在获得乐趣的同时学到了一些知识。

4."唐唐"的内容与观众的生活密切相关，非常接地气

与观众的日常生活有极高关联度的视频通常都能获得观众的喜爱，例如，关于减肥的一个视频中的一句对白是"减肥是不可能减肥的"。这些灵感来自日常生活，容易让观众产生共鸣，进而收获更多的粉丝。与游戏相关的《假如名场面变成游戏》则扩展了粉丝来源，该视频充分利用关键词推送机制，将游戏爱好者也纳入潜在的粉丝群体。

5."唐唐"的电影解说视频贴合热点、风格鲜明，语言风趣幽默

"唐唐"的抖音号主页中的介绍是"如果想要开心，你就关注唐唐吧"。对比已有的电影解说类账号，"唐唐"独辟蹊径，以"二次元"人物的可爱形象为

立足点，充分利用该人物形象可塑造性强的优势，对时下的热门电影进行解读
并进行再创作。

此外，"唐唐"的微信公众号拥有近 1000 万的粉丝，这是其抖音号运营初
期的宝贵资源。由于观众年龄层次不同，公众号和抖音号的运营有较为明显的
差异性。为了满足抖音号运营的需要，"唐唐"创作团队在内容上突出年轻化、
趣味化，瞄准抖音的主力用户群体——中青年。

三、同类账号运营及变现注意事项

"二次元"抖音号运营及变现注意事项如图 4-2 所示。

图 4-2 "二次元"抖音号运营及变现注意事项

1. "二次元"抖音号要注意做好年龄分级

在这个方面，"二次元"抖音号可以借鉴苹果应用商店的年龄分级制度，对
可能存在的暴力或幻想暴力情节设置年龄限制。儿童尤其是幼儿缺乏分辨能力，
对"二次元"作品经常是全盘接受，可能存在的暴力情节容易引起儿童的模仿，
不利于儿童健康成长。

2. "二次元"抖音号可与食品或生活用品厂商合作推出联名产品

加入知名 IP 的食品或生活用品的附加值一般会大幅增加，既有利于扩大产
品的销路，也是 IP 变现的重要途径。抖音号也可以基于联名产品录制评测视

频，通过这种方式进行带货，既推广了 IP，也增加了销售额。

3."二次元"抖音号可以推出表情包并及时更新

"二次元"抖音号可以将抖音观众群体和微信表情包使用群体打通，增强抖音观众的黏性。表情包是观众进行自发传播的重要工具，善用表情包有利于吸引来自微信平台的潜在观众，扩大用户群体。

4."二次元"抖音号的字幕等应当与视频内容相匹配

字幕是视频的重要组成部分，字幕的字体、字号、颜色设置都有一定的讲究。对系列视频来说，字幕要统一，以保持作品风格的一致性。

4.3 会说话的刘二豆：萌宠

一、账号运营背景

萌宠是指可爱的伴侣动物。伴侣动物是指和人生活在一起，与人建立亲密关系，能以某种形式与人沟通交流，为人提供情感价值的动物。伴侣动物必须是家养动物，一般是具有一定的观赏价值、能帮助人们缓解压力的宠物。

目前，我国有一定数量的丁克家庭，人口老龄化速度正在加快，很多人通过伴侣动物寻求情感寄托，这使伴侣动物具有了重要的情感价值，这是萌宠抖音号生存和发展的社会基础。

与伴侣动物相关的话题是目前中青年群体的热门话题之一。中青年群体是主要的伴侣动物饲养者，也是与宠物消费关系最密切的人群。这一群体的年龄层次也与抖音用户群体的年龄层次相吻合。

2020 年"两会"期间，全国人大代表陈玮联合多位全国人大代表建议制定《伴侣动物保护和管理法》。这是伴侣动物受到关注的社会趋势的重要体现，也是萌宠抖音号运营的社会意识基础。

二、账号运营值得借鉴之处

"会说话的刘二豆"是目前抖音娱乐赛道上比较热门的萌宠类账号。该账号是最早期的一批抖音号之一，于 2017 年入驻抖音平台。截至 2022 年 2 月，该账号的粉丝量已达近 4000 万，获赞高达 4.5 亿次。

"会说话的刘二豆"在运营方面值得借鉴之处如图 4-3 所示。

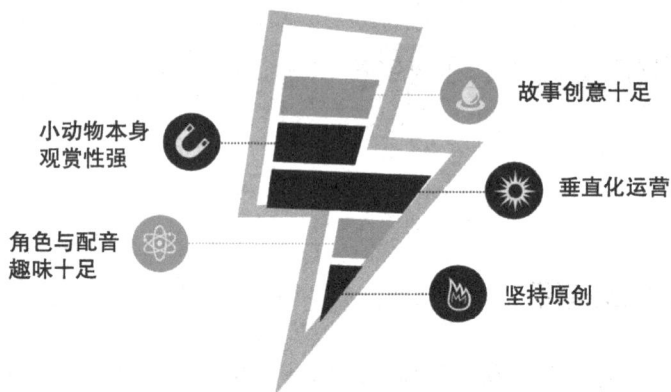

小动物本身
观赏性强

故事创意十足

垂直化运营

角色与配音
趣味十足

坚持原创

图 4-3　"会说话的刘二豆"在运营方面值得借鉴之处

1. "会说话的刘二豆"中的猫咪漂亮可爱，很容易吸引观众

苏格兰折耳猫的饲养难度大，价格高昂，并不是常见的宠物。"刘二豆"自身具有罕见性，这在一定程度上也增强了其观赏性。"瓜子"是英国短毛猫，是相对常见的猫种，与广大观众的生活更贴近。

2. "会说话的刘二豆"角色设计趣味十足，配音符合其特点

视频中的主要角色包括苏格兰折耳猫"刘二豆"、英国短毛猫"瓜子"和饲养员"豆妈"。"刘二豆"憨态可掬，"瓜子"乖巧可人，具有鲜明的角色特点。"豆妈"在视频中只闻其声不见其人，始终保持神秘感，增加了观众的好奇心。配音体现了猫咪的人格化特征，增加了趣味性和猫咪的辨识度。

3. "会说话的刘二豆"的故事创意十足，系列视频的连续性较强

剧情是丰富人物关系的基础，不同的人物关系可以增加故事的可塑性和情节冲突的戏剧性，使角色的形象更立体。在账号运营初期，新角色"瓜子"的加入引发了粉丝的热烈讨论，大量粉丝在评论区对"刘二豆"与"瓜子"的关

系做了猜测。不同的视频故事之间具有一定的相关性，视频的系列化成了保持粉丝兴趣的有力举措。

4."会说话的刘二豆"坚持垂直化运营

"会说话的刘二豆"只拍摄"刘二豆"和"瓜子"的日常活动，不仅降低了视频的拍摄难度，也避免了无意义、不相关的视频所带来的推送混乱。

5."会说话的刘二豆"坚持原创

"会说话的刘二豆"在其账号主页专门指出了该账号没有小号和公众号，提醒观众擦亮眼睛，避免"李鬼"账号蒙骗观众。这既是对自身原创性的坚持和保护，也是对观众负责的表现。

三、同类账号运营及变现注意事项

1. 萌宠类抖音号要明确用户画像，为粉丝创作适当的内容

萌宠类视频通常会受到青少年尤其是女性用户的喜爱。青少年好奇心强，喜欢探索新鲜事物，但由于经济、家庭等方面的因素，通常很少能够拥有自己的宠物。绝大多数家长不会过多地限制其子女观看与小动物有关的视频。女性用户通常是萌宠类视频的主要观众群体。女性一般具有温柔婉约的特征，容易受到可爱小动物的吸引。根据抖音的统计数据，在关注萌宠类视频的用户中，女性所占的比例大大高于男性。

面对以女性和青少年为主的目标观众群体，萌宠类抖音号的最佳策略是以可爱为中心，抓住幽默搞笑和动物装扮两个基本点，把重点放在幽默的配音和创意上，既保障动物的安全和健康，又增加视频的观赏性。

2. 萌宠类抖音号要传播热爱自然、保护动物的正能量

萌宠类抖音号拍摄、制作视频不能以损害动物的健康为代价。萌宠类视频深受未成年用户的喜爱，价值观不正确的内容很有可能影响未成年人的健康

成长。

萌宠类抖音号要坚持善待动物的观念，摒弃"唯品种论"和"唯血统论"。所有的伴侣动物都是生命，没有高低贵贱之分。萌宠类抖音号要加强这个方面的宣传和引导，拒绝因为动物的品种和血统而虐待甚至遗弃宠物。

萌宠类抖音号要加强知识性、专业性与趣味性、娱乐性的统一，避免不科学的饲养方法给动物带来危害。缺乏宠物饲养经验的观众很有可能会参考视频中展示的方法饲养自己的宠物，如果视频中展示的饲养方法不科学，就有可能损害宠物健康。

3.萌宠类抖音号在带货时要注重产品质量

拒绝假冒伪劣产品是商业道德、社会公德与法律法规的共同要求。萌宠类抖音号带货以宠物食品和用品为主，与宠物的生活密切相关，必须保证相关产品不对宠物产生伤害。

4.4　陈翔六点半：网络搞笑

一、账号运营背景

搞笑文化是如今网络文化的组成部分之一。网络搞笑文化是指以互联网为载体，以社会现实为根据，对相关的话题进行重新解构及二次创作，以实现幽默的娱乐效果的文化形式。网络搞笑文化具有个性鲜明、幽默有趣、扎根现实、讥讽批判的特点，是具有强烈平民化色彩的文化形式，是通俗易懂的文化形式，属于"草根文化"。

网络搞笑文化通常有极强的创意性。网络搞笑文化要求创作者标新立异，突破原有的文化体系并进行创新。

网络搞笑文化流行的时间较短，但是拥有广泛的受众。互联网兴起之后，这种具有极强传播性和极高民众参与度的文化迅速在青少年中传播开来。青少年具有追求个性解放的特点，网络搞笑文化满足了这一群体的精神需求。

搞笑类抖音号瞄准的目标人群主要是青少年。抖音平台的用户以中青年和少年为主，其中青少年占有重要位置。青少年用户的数量较多，对新鲜事物的接受程度高，他们是搞笑类抖音号的主要受众。

网络搞笑文化的广泛传播为搞笑类抖音号的运营提供了经验基础。"糗事百科"之类的搞笑文化网站是搞笑类抖音号重要的经验来源，具有较高的借鉴价值。

二、账号运营值得借鉴之处

"陈翔六点半"是目前抖音娱乐赛道上堪称头部账号的搞笑类账号。截至 2022 年 2 月，该账号的粉丝量已经接近 6500 万，获赞多达 7 亿次。其视频合集"爆笑系列"的播放量高达 47 亿次，"暖心感人系列"的播放量为 3.6 亿次。

1. "陈翔六点半"找准发展方向，精准定位目标受众

作为以情景喜剧为主要创作方向的小团队，"陈翔六点半"主要创作贴近普通人生活的故事，不以"高大上"取胜，而是"贴地创作"。该账号的目标观众集中在二线及以下城市和乡镇，因此视频内容十分接地气。

"陈翔六点半"的作品形式多样，包括搞笑视频、以"六点半"IP 为核心的动画片《六点半变变》和网络大电影。《六点半变变》采用搞笑视频和网络大电影无法使用的表现形式，以"二次元"的可爱形象吸引观众，尤其是潜在的低龄观众。其网络大电影是面向各个年龄层的作品，雅俗共赏。

2. "陈翔六点半"的故事结构合理，情节引人入胜

"陈翔六点半"通过通俗的艺术表现形式反映现实生活，作品的品质相对较高，实现了娱乐性与思想性的统一。目前，以日常生活中的笑点为主的作品大受欢迎，因为源于现实生活的内容能使观众产生共鸣。"陈翔六点半"基于搞笑素材进行二次创作，坚持原创，不仅为观众带来娱乐性极强的内容，还传播了正能量。

3. "陈翔六点半"的演员演技精湛

"陈翔六点半"的演员具有丰富的演出经验，配音通常是卡通效果的。该账号运营团队与多位优秀演员签约，着力提高作品的质量。演员的表演具有较强的代入感，有利于充分表现故事本身的情节张力。同一位演员的角色类型在不同的故事中保持相对一致，相对固定的演员有利于观众形成基本统一的认知。

卡通效果的配音让视频的搞笑效果出众，与视频本身的风格契合。

4. "陈翔六点半"的视频时长符合绝大部分观众的观看习惯

为了避免观众产生厌烦情绪，"陈翔六点半"的大多数视频的时长控制在 1 分钟左右，偶尔也有 5 分钟左右的短剧。丰富的节目类型为创作团队的进步提供了广阔的空间。

三、同类账号运营注意事项

搞笑类抖音号运营注意事项如图 4-4 所示。

拒绝"三俗"　　　　　　文明用词　　　　　　坚持原创

图 4-4　搞笑类抖音号运营注意事项

1. 搞笑类抖音号要注意搞笑的方式方法，拒绝庸俗、低俗、媚俗的内容

搞笑视频是给人带来快乐的艺术形式，可以通俗，但不可以恶俗，可以俗套，但不可以"三俗"。

2. 搞笑类抖音号要注意言辞，避免用词不当，避免伤害特殊群体的感情

尊重、爱护特殊群体是一个社会良好风气的重要表现。搞笑视频要体现对所有人的尊重，不应使用有歧义或带有歧视性的词语制造低劣的笑料。

3. 搞笑类抖音号要坚持原创

搞笑视频本身具有较强的可复制性。为了克服这一问题，搞笑类抖音号要坚持面向生活，加强原创，避免低质量笑料四处传播。生活是艺术的根源和不竭动力，搞笑类抖音号要加强对生活中有趣事件的挖掘，提高自身发现生活中

笑点的能力。原创性是艺术的灵魂，推出更多具有原创性的内容不仅可以增加观众的观看兴趣，还是吸引粉丝的有力手段。原创性强、内容新鲜度高的作品总会受到大众的喜爱。

第 5 章　美食赛道抖音号变现经典案例

饮食是生活方式的重要组成部分。随着我国农牧渔业的发展，食物的数量和质量都有了很大的提升，为美食类抖音视频提供了充足的素材。抖音平台上的美食类视频不仅为用户提供了视觉享受，还可以帮助用户学做美食和了解各种各样的食物。大量的用户热衷于品尝美食、制作美食、了解美食，这是抖音平台上美食类视频蓬勃发展的基础。

5.1　美食作家王刚：专业厨师教做菜

一、账号运营背景

"民以食为天"，美食给人带来的体验主要包括食材本身带来的味觉体验和食物精美外形给人带来的视觉体验，因此美食可以说是一种全方位的享受。据统计，美食相关视频的播放量在抖音平台上排在所有类别中的第四位。

美食制作教学类视频在美食类视频中占据重要地位。这类视频的创作者以专业厨师为主，这类视频一般会完整地展现从食材到美食的整个制作过程。在优秀的美食制作教学类视频中，食材本身引人注意，厨师熟练的操作给人以美的享受，制作完成的菜品更是色香味俱全。

二、账号运营值得借鉴之处

"美食作家王刚"是目前抖音美食赛道上首屈一指的专业厨师类账号，内容以美食制作教学和与美食相关的自然社会环境介绍为主。该账号入驻抖音平台以来，粉丝数量不断增长。截至 2022 年 2 月，该账号粉丝量已近 500 万，点赞数超过 1200 万。该账号下的视频合集"王刚的美食科普"播放量接近 1650 万，"王刚的美食游记"播放量则达到了 715 万。

"美食作家王刚"账号运营值得借鉴之处如图 5-1 所示。

操作步骤明确，易于学习

满足观众日常生活中制作美食的需要

视频封面统一美观

人物都有鲜明的特色

人文性极强

有较多的乡村生活元素

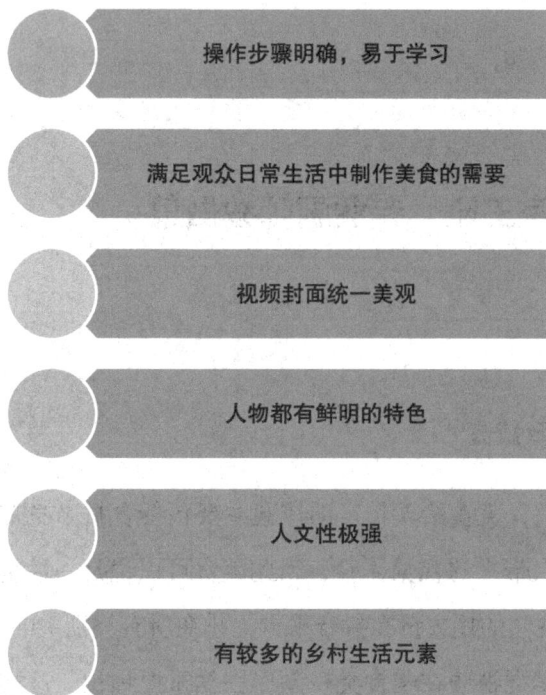

图 5-1　"美食作家王刚"账号运营值得借鉴之处

1."美食作家王刚"的视频操作步骤明确，易于学习

视频中使用的食材丰富多样，面向全国观众，充分考虑到了不同地区人们的不同饮食习惯。王刚的普通话有四川口音，为了提升观众的观看体验，王刚为大部分视频配了字幕。针对部分地区可能不太常见的食材，王刚会介绍可以替代该食材的其他食材。视频的最后通常会有"技术总结"这个环节，可以帮助观众进行学习和复盘。

2."美食作家王刚"的视频能够满足观众日常生活中制作美食的需要

王刚既介绍具有鲜明特色的地方菜，也介绍能展现本人高超技术的大菜，还介绍各种家常菜，很好地兼顾了内容的完整性和丰富性。

"美食作家王刚"的很多视频都会介绍常见食材的挑选技巧，以便观众充分了解食材的特点，选购适合自己的食材。

3. "美食作家王刚"的视频封面统一美观

"美食作家王刚"的视频封面通常是王刚本人身穿厨师服手拿食材向观众介绍的照片,以基本统一的字体标注美食名称,以便观众寻找自己想要观看的视频。规范统一的标注体现了王刚较高的审美水平和艺术修养,在一定程度上也反映了其专业和严谨的态度,这都有助于增强观众观看的兴趣。

4. "美食作家王刚"的视频中出现的人物都有鲜明的特色

王刚本人是视频的主角,制作美食的过程行云流水,讲解清楚明白,制作出的美食令人食指大动,展现了其较高的烹饪水平。另一个增加视频故事性和吸引力的重要人物是四伯爷,其以酷似动漫人物"火云邪神"的长相和衣着受到该账号粉丝的欢迎。四伯爷主要负责品鉴美食,是视频中主要的点评者。

5. "美食作家王刚"的视频体现了极强的人文性

"美食作家王刚"的视频经常流露出对亲情和友情的重视,而这正是中华民族的传统美德。例如,一个制作佛跳墙的视频被某些人评论为"奢侈",王刚回复说这不是在宣扬奢侈,而是让四伯爷体验新鲜事物。视频中四伯爷感叹"这辈子值了",这句话不仅是对菜肴的夸赞,更是对王刚孝顺之举的感慨。"美食作家王刚"的视频中经常出现王刚的朋友,这体现了他对友情的高度重视。这些细节体现了"美食作家王刚"的人文理念,受到了观众的好评。

6. "美食作家王刚"的视频有较多的乡村生活元素

"美食作家王刚"的一部分视频是在户外场景拍摄的,展现了优美的农村风光,体现了乡村振兴战略的成果。"美食作家王刚"的视频中出现的户外镜头以农村风光为主,有利于城市观众了解农村生活,有利于吸引有农村生活经验的观众,让他们在欣赏美食视频的同时"记得住乡愁"。

三、同类账号运营及变现注意事项

1. 专业厨师运营美食类抖音号要多学习营养学知识，传播健康的生活方式

刚开始学习做菜的青年群体对相关知识的了解有限，通常倾向于向专业人士学习。厨师是专业人士，他们在视频中介绍的食物很容易变成观众的选择。厨师多学习营养学知识，有利于向观众宣传科学合理的食物搭配方法，传递健康的饮食习惯。使用更少的添加品、展现食材本身的滋味是当前饮食文化的发展趋势，也是健康生活方式的体现之一。

2. 专业厨师运营美食类抖音号必须关注政策导向

2022 年 1 月，国家发改委等部门印发《促进绿色消费实施方案》，强调推行绿色消费方式，加快提升食品消费绿色化水平，引导消费者树立文明健康的食品消费观念，适度采购、储存、制作食品和点餐、用餐。该方案要求反对奢侈浪费，深入开展"光盘行动"，制止"舌尖上的浪费"。

厨师作为餐饮行业从业者，必须带头践行这一原则。专业厨师运营的美食类抖音号必须积极响应"光盘行动"，厉行节约，遏制餐饮浪费。例如，厨师在视频中可以提醒观众在购买食材时坚持适量原则，为观众提供替代食材，将可以利用的食材边角料收集起来作为工作餐。

3. 专业厨师运营美食类抖音号必须遵守相关法律法规

美食类抖音号不能为了博眼球、赚流量，将野生动物作为食材。2020 年 2 月，全国人大常委会通过了《关于全面禁止非法野生动物交易、革除滥食野生动物陋习、切实保障人民群众生命健康安全的决定》，规定禁止食用"三有"动物及陆生野生动物。拒绝食用野生动物既是相关法律法规的明确要求，也是个人为了自己的健康安全应当遵循的准则。作为餐饮行业从业人员，厨师应当注重社会影响，拒绝为了流量而将野生动物带入厨房。

专业厨师运营美食类抖音号时，要注意对某些食材处理画面进行适当的剪辑和遮挡。如果这一步处理不当，就很容易引起观众的反感，引发争议。

5.2 懒饭："懒人"的家常菜做法

一、账号运营背景

空气炸锅等现代厨具的发明和推广，为人们制作美食提供了极大的便利。科技的不断发展进步和人们对现代厨具的广泛应用是美食类视频发展的技术前提。

目前，因为受到疫情影响，很多人都选择自己制作食物，制作美食成了人们展示生活热情的手段之一。人们对美食制作的广泛热情是美食类视频发展的社会基础。

二、账号运营值得借鉴之处

"懒饭"是目前抖音美食赛道上堪称第一的家常菜类账号。自 2018 年入驻抖音以来，该账号的内容一直以家常菜制作教学视频为主，粉丝量不断增长。截至 2022 年 2 月，该账号的粉丝量已经超过 1656 万，获赞 1.3 亿次。其视频合集"饺子皮拯救手残星人"和"年夜饭"的播放量均破亿。

1. "懒饭"对视频时长、更新时间的把握很到位

在当下快节奏的生活方式影响下，对视频长度进行合理的调整，使其与目标观众的需求相匹配是美食制作教学类视频的发展趋势之一。

该账号保持每天更新两个视频，较高的更新频率使其保持了较高的活力。

视频更新时间通常是绝大多数观众的正餐时间之前，这样安排有利于提高播放量。

2."懒饭"的视频会考虑时令和当前热点

该账号充分结合节气、节日、时令，在保持家常菜制作视频更新不断档的同时，适时推出相关的节日特色菜肴制作视频。古人说节日是"百日之劳，一日之乐"，抓住节日热点，推出节庆食品，体现了"懒饭"对热点的精准把握。

3."懒饭"的视频中的食材既贴近生活，又有所创新

视频中常用的食材品种多样，基本上都是日常生活中常见的食材，符合该账号以家常菜为主的运营理念。不少视频中有创新食谱，如"雪碧泡樱桃萝卜"等。常见的食材和创新的制作形式体现了该账号与观众日常生活紧密相连。

4."懒饭"的视频中制作步骤讲解清晰，配料用量精确，易于观众学习

"懒饭"的视频具有直观详细、讲解清晰的特点，为刚开始学习做饭的年轻观众提供了便利。按照视频介绍的步骤做菜，失败的风险几乎为零，这不仅增加了观众的成就感，为观众提供了极大的实用价值和情绪价值，而且提高了观众对视频的喜爱程度，增强了观众的黏性。

5."懒饭"的视频具有开放和包容的特点

"懒饭"经常介绍不同地区乃至国外的美食，如雪衣豆沙、哈尔滨麻辣烫等东北美食，兰州牛肉面等西北美食，红糖姜撞奶等广东美食，以及日式的年糕红豆粥、鳗鱼饭和德式的布丁塔等外国美食。开放性是美食类视频受到广泛欢迎的重要原因之一。介绍各个地区的美食具有利于开阔观众的眼界，增进观众对其他地区的了解。

6."懒饭"本着实事求是的态度制作美食

"懒饭"的视频不加厚厚的滤镜，不利用非食物道具装饰成品以谋求好看的效果，食物制作完是什么样子，视频中展现的就是什么样子。这种实事求是的

做法不会误导观众，观众制作出来的成品跟视频里的成品基本没有差别，增加了视频的实用性。将食物的样子原原本本地展现出来也有利于增强观众对账号的好感。

7. "懒饭"的视频封面配色合理、格式统一

"懒饭"的视频封面通常是成品照片，图片左上角标注食物的名称及对该食物的简单评价。食物没有复杂的摆盘，只是加以简单装饰，其造型具有可复制性。食物的命名方式简单易懂，通常是所用食材或制作食物所需的特殊工具加上食物的名称，不故弄玄虚。对食物的简单评价不仅概括了其口感特点，也为观众寻找想看的视频提供了便利。

8. "懒饭"的抖音号与 App 互为表里

"懒饭"在 App 上积累的运营经验为抖音号运营提供了参考，"懒饭"抖音号主页包含"下载懒饭 App"之类的推广语（见图 5-2）。

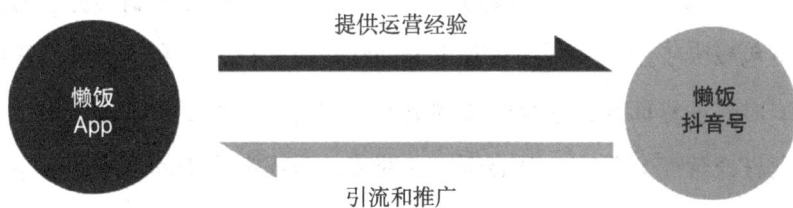

图 5-2　"懒饭" APP 和抖音账号的关系

三、同类账号运营及变现注意事项

1. 家常菜方向的美食类抖音号要宣传健康的饮食习惯和生活方式

家常菜是人们生活中经常接触的食物，在人们的日常食物中占据重要地位。家常菜方向的美食类抖音号在制作食物的过程中应坚持减糖减盐，减少对不健康食材的使用，以潜移默化的方式培养大众吃健康食物的习惯，真真正正地将健康饮食理念融入家常菜。

青年群体是家常菜方向的美食类抖音号的主要关注群体之一。家常菜方向的美食类抖音号应该帮助青年形成健康的生活方式，引导青年了解和掌握更多的健康知识，提高生活质量。随着青年群体的成长，他们能够实现相关知识的代际传递，使下一代从小践行健康的生活方式，这有利于提高大众的身体素质。

2. 家常菜方向的美食类抖音号要贴近观众的日常生活

家常菜方向的美食类抖音号要以常见的食材和简便的加工手法制作受到大众欢迎的美食；要面向全国广大观众，加强对各地常见美食的收录，以吸引潜在的用户；要适当收录一些国外美食，减少使用国内不常见的食材，以国内常见的食材替代某些不常见的食材，尤其要注意避免使用国内法律法规禁止使用的食材。

3. 家常菜方向的美食类抖音号可以通过与食材经营商家合作完成变现

家常菜方向的美食类抖音号可以与食材经营商家合作，推出分装好的食材包，按照一定比例分享收益。食材包符合国际上食品行业预制和分装的发展趋势。食材包减少了用户在制作过程中选择食材的麻烦，有利于提升用户满意度和黏性。对抖音号而言，这是带货的重要方式之一，可以给账号带来一定的收入。对食材经营商家而言，分装所增加的劳动力成本小于其带来的收益，这是提升销售额的有效途径。

5.3　吃货请闭眼：吃货探店

一、账号运营背景

"吃货"是人们对美食爱好者的一种戏称，他们往往是对美食有特殊喜爱的人。所谓吃货探店，就是美食爱好者对较有名气或特色的餐厅进行探访，是当前抖音平台上数量较多的一类视频。

吃货探店类视频的主要特性如图 5-3 所示。

图 5-3　吃货探店类视频的特性

1.吃货探店类视频自身的特质使其拥有较为广大的受众

吃货探店类视频的本质是测评类视频，具有相当的真实性。吃货探店类视频以消费者为主体，能够最大限度地展示食物本身的特征，消除了商家添加的"滤镜"，还原了食物的真实状态，直观地解答了观众最关心的问题，即食物本身的质量是否过硬、口味如何、烹饪方法是否健康等。

2.吃货探店类视频挑战了消费市场的话语权

原先的消费推广模式是自上而下的，商家通过报纸、电视广告等形式进行宣传，传递的是广告主的声音。吃货探店类视频从个人的角度出发，打破了传统的消费潮流推广模式，真实地发出了个体的声音。

3.吃货探店类视频在一定程度上可以实现消费的代偿性

受客观时空条件的影响，视频中的美食有相当一部分无法被观众享用。针对这种想要美食而不可得的状态，具有高度沉浸性的吃货探店类视频能够为观众提供暂时性的满足，有利于缓解观众的压力，为观众提供较高的情绪价值。

4.吃货探店类视频是准确客观评判和高度创意性的有机结合

准确是吃货探店类视频生存的基本前提，客观是吃货探店类视频评价的基本原则，创意是吃货探店类视频的加分项，也是这类视频生存和发展的必要条件。观众对具有较高准确性和较强创意性的视频有更高的接受程度。

二、账号运营值得借鉴之处

"吃货请闭眼"是目前抖音美食赛道上比较热门的吃货探店类账号。其内容以北京传统美食为主，兼顾北京的各种文化和历史。截至 2022 年 2 月，该账号已有粉丝近 230 万，获赞 480 万次。其合集"和老北京没有关系的北京美食"的播放量近 1300 万次。其介绍特定食物的视频合集的播放量也非常高，例如，介绍卤煮的视频合集播放量超过 50 万次，介绍东来顺火锅的视频合集播放量近80 万次。

1."吃货请闭眼"的视频具有较强的传统文化色彩

"吃货请闭眼"的视频能够将美食与文化有机地结合起来。主播老白是北京人，对北京本地美食非常了解。传统的北京美食绝大部分都有一定的历史文化底蕴，而文化是美食的重要附加价值。老白以推荐北京本地的地道小餐馆为主，在介绍美食的同时总会结合北京的传统、老规矩娓娓道来，"京味儿"十足，提升了视频的文化价值。在某种程度上，老白的推荐可以作为外地游客的美食指南。

2. "吃货请闭眼"的人物风格鲜明、有趣，实现了幽默和辨识度的有机统一

主要出镜人物老白学识渊博，对美食背后的典故有较多的了解。老白本人具有鲜明的外形特点，以"没有脖子"为主要辨识特征，很多粉丝戏称其为"脖绝"。老白本人欣然接受这个称号，甚至大方地把它写在了扇面上。在语言方面，老白的北京口音明显，说话风趣幽默，如同相声，充分体现了吃货探店类视频的趣味性。另一位经常出镜的人物小花是山西人，具有中部和西部地区的饮食习惯，与老白的北京传统饮食习惯形成了对比。他们两个人一起出境时，可以代表具有不同饮食习惯的观众对同一种食物进行评价，这增加了视频的说服力和适应性。

3. "吃货请闭眼"的视频秉持实事求是的原则和谦虚谨慎的态度

"吃货请闭眼"的推荐标准是"好吃就是好吃，还得特别好吃，高于一般水准一截儿，才能推荐"。该账号立足于实际情况进行调查分析，并能够有理有据地指出食物味道和制作上的优缺点。针对粉丝提出的意见，该账号能够及时调整；对于自己不了解的地方，该账号能够及时承认自己的不足，而不是不懂装懂。

4. "吃货请闭眼"的视频勇于创新

"吃货请闭眼"的探店范围并不局限于北京，现在已经扩展了探店地区，不断解锁新地区。美食视频的价值之一是帮助观众开阔视野，了解不同种类的美食，探索美食的发源地和发展过程。对于其他地区的美食，该账号保持开放性，但仍以北方饮食习惯作为出发点进行评价。当然，其评价方式和语言还有一定的提高空间。"吃货请闭眼"的创作团队以北方人为主，其包容性的进一步提高

能让账号走得更远。

三、同类账号运营及变现注意事项

1. 吃货探店类抖音号要坚持传播文明健康的生活方式

吃货探店类抖音号要传播吃有吃相的餐桌礼仪，避免进食过程恶俗化。吃货博主多数是普通人，他们传播文明健康的生活方式可以显得更加"接地气"，让观众更易于接受。餐桌礼仪也是精神文明的组成部分之一。吃货博主遵守餐桌礼仪，以润物细无声的方式影响观众，能够培养观众尤其是年轻观众的礼节礼貌。进食过程得体不恶俗，不仅是博主本身高素质的体现，也有利于形成良好的社会风气。

2. 吃货探店类抖音号要以开放的态度评价各类美食

吃货探店类抖音号往往具有强烈的个人特点，因此需要博主具备较强的包容性。每个人的饮食习惯都受到一定的地域影响，博主要充分认识到自身的局限性，以开放的态度对待其他地区的美食。

对于其他地区的美食，博主要考虑当地的饮食习惯，甚至把自己当成本地人，对其进行评价。一方水土养一方人，评价必须基于对当地风土人情的理解。博主应该在充分了解和建立相关认知的基础上，提出有理有据的观点，用文明的语言进行描述，避免过激评价。

3. 吃货探店类抖音号要坚持实事求是的原则，拒绝虚假宣传

吃货探店类抖音号对同一类事物要坚持同样的立场，不做畸形营销号。真实性是吃货探店类视频的生命力所在，只有真实地展现食物本身，才能获得观众的信任。

吃货探店类抖音号带的货以食品和食品经营服务为主，具有一定的特殊性。因此，这类账号在变现这一环节一定要坚持谨慎的原则，将营销内容巧妙地融

入视频。

4.吃货探店类抖音号带货时要以相关的法律法规为最高准绳，遵守商业道德

吃货探店类抖音号要谨慎地甄别自身宣传的食品的质量，保障食品安全。《中华人民共和国食品安全法》规定，食品生产经营者对其生产经营食品的安全负责。《网络食品安全违法行为查处办法》规定，网络食品交易第三方平台提供者和入网食品生产经营者应当对网络食品安全信息的真实性负责。民以食为天，食以安为先。作为食品的推广者，吃货探店类抖音号有责任推广安全健康的食品，避免质量不过关的食品危害民众的健康。

《网络食品安全违法行为查处办法》规定，入网食品经营者应当按照许可的经营项目范围从事食品经营。吃货探店类抖音号的带货行为不能超出所取得的食品经营许可的范围。面对反对的声音和差评，吃货探店类抖音号不能随意"挂人"，要保护消费者的隐私，维护消费者的评价和建议权，这也是法律的规定和商业道德的要求。

5.吃货探店类抖音号带货时不能太生硬

视频内容本身就像精彩的电视节目，其中的带货内容就像广告。广告生硬地打断电视节目会影响观众的体验，降低观众的观看兴趣。同样的道理，过于明显的带货行为会降低观众对账号的好感，甚至导致观众给自己贴上"营销号"的标签。众口铄金，积毁销骨，过多的差评会降低原有粉丝的兴趣，破坏其他用户的好感，甚至招来"黑粉"。

5.4 真探唐仁杰：专业厨师探店

一、账号运营背景

部分专业厨师瞄准了目前抖音探店类美食视频所产生的高收益，基于自身强大的专业背景精准出击，做出了与常见的吃货探店类视频完全不同的美食类视频，这类视频有力地弥补了吃货探店类视频所缺少的专业度。

专业厨师探店类视频是目前抖音美食赛道上较为重要的一类，具有低成本、高回报的特点，可以说是一个小"风口"。对于这个低门槛、高需求的赛道，抖音平台通常采用流量补贴的方式鼓励创作。

以平台的支持为基础，以商家推广为重要表现形式，专业厨师探店类抖音号目前常见的变现方式主要有以下两种。

第一种是商家推广模式，即商家以个人名义邀请博主进行宣传，费用一般与账号的粉丝量相关，10万左右的粉丝量一般能给博主带来3000元左右的收益，1万以上的博主的推广费用一般是500元至1000元。品质较高的小众账号凭借博主的专业厨师身份也可以获得相当可观的收益。

第二种是平台分佣模式（见图5-4），这种模式涉及博主、商家与平台三个主体，以"优惠团购"功能为基础，这也是目前抖音平台上常见的商业模式之一。首先，平台邀请商家入驻，与商家商议推出适宜的团购套餐。其次，博主在探店视频中插入上架的团购套餐购买链接。最后，用户购买并核销团购套餐之后，博主、商家与平台按照一定的比例分成，其本质是博主引流、商家接单、平台提供载体的互利共生。

图 5-4 平台分佣模式

除了粉丝数量，厨师的专业水平及账号本身的粉丝质量也是商家和平台确定商务报价的重要考量因素。以普通餐饮为主要内容、厨师水平一般的账号，即使拥有较多的粉丝，一般情况下也不会获得很高的价格。相反，以精致餐饮为主要内容、厨师技术精湛的小众账号更容易受到高端餐饮商家的关注。

二、账号运营值得借鉴之处

"真探唐仁杰"是目前抖音美食赛道上粉丝数量相当庞大的专业厨师探店类账号。其内容以各地美食探店为主，充分体现了专业厨师的点评能力。截至2022 年 2 月，该账号已有粉丝近 650 万，获赞 7625 余万次。其与北京饮食相关的视频合集"顶流"和"八大楼"的播放量均在 1.8 亿次以上，视频合集"上海""南京"的播放量均接近 8000 万次。

1. "真探唐仁杰"的视频封面格式统一，内容明确

"真探唐仁杰"的视频封面一般以探店过程中的某一道菜肴为主体，以统一的字体进行标注。封面会用较大的字标出餐厅名称，并以较小的字标注特殊信息，如餐厅所在城市等，具有重点清晰、信息全面的特点。封面中间的"厨子探店"起到了凸显品牌独特性的作用。封面最下面通常会标注一餐的消费金额，为观众了解大概的消费水平提供参考。

2. "真探唐仁杰"的视频主题较为丰富

从餐饮种类来说,其内容可分为普通餐饮和快餐;从菜系来说,其内容可分为国内常见的各大菜系及俄餐、德餐等西餐菜系;从价格来说,其内容可以分为高、中、低档价位菜品。丰富的内容体现了该账号的专业性。涉及的食物种类越多,观众了解得越多,内容的可参考性也就越强。

"真探唐仁杰"的视频不断地扩展涉足的地域。初期,该账号以北京特色探店为出发点,逐渐涉及常见的连锁快餐,但仍以北京传统美食为主;后来,扩展到南京、上海、广州等南方地区,更多地体验了南方食物,增加了食物种类。地域的不断扩展是该账号不断进步、内容不断丰富的重要体现。

3. "真探唐仁杰"的视频注重建立自身的特色

该账号主页明确指出,厨师本人拒绝将自己的形象与相声演员于谦相联系,不蹭其他人的热度。这一颇具趣味性的声明充分体现了该账号的特色。

"真探唐仁杰"的视频将专业性与趣味性有机地统一起来。主播老唐具有深厚的专业背景,曾任喜来登酒店的西餐厨师长,对川菜和粤菜有深入研究。过硬的专业知识和丰富的从业经验让老唐能够做出客观、准确的点评。

三、同类账号运营及变现注意事项

1. 专业厨师探店类抖音号要以专业技能为基础,促进厨师之间的技术交流和学习

厨师作为从业人员,要本着开放的心态,对他人的先进经验和技术进行学习,获得菜品和制作方法的创新灵感,提高自身业务水平。

2. 专业厨师探店类抖音号要兼顾专业性和娱乐性

厨师是餐饮行业的从业者,代表着行业的专业水平。以厨师为主角的探店视频具有一定的新颖性,也天然地具有一定的说服力。厨师要把握专业术语和

日常用语的比例，在保持专业性的同时降低观众理解的难度。

3. 专业厨师探店类抖音号要通过合适的手段建立自身品牌

建立适合自身的品牌有利于提高知名度，提升账号的辨识度，引来更多的流量。

首先，要树立鲜明的形象，这主要包括账号的名称、人物自身的特点、人物之间的关系三个方面。

名称是账号的门面，恰当的名称可以让观众产生良好的第一印象，首因效应对粉丝的忠诚度有很大的影响。针对抖音平台重视同城页面的流量扶持策略，这类账号在建立初期多以地区性账号为主，一般都会突出地名，以便消费者搜索时能够快捷地加以识别。为了打造独特的品牌，也可以将主播的名字加入账号名称，如采用"某某人吃在某某地"等形式。

强调主播自身的外形特点，固化主播的服饰，为主播确立具有一定有代表性的语言风格等做法，都是提高人物辨识度的有效手段。人物自身特点有利于营造反差感，适当地制造一定的戏剧化效果有利于获得观众的注意。

建立人物之间的关系是进行"故事化"运营的重要基础，决定了视频拍摄脚本的撰写方向和拍摄方式的运用。单个的人物通常是孤立的，是缺少故事性的。建立人物之间的关系可以增强美食探店类视频的故事性和辨识度。

其次，要确立自身的独特优势，打造不同于他人的特征。常见做法之一是利用厨师本人擅长的专业领域进行标签化描述，例如，用"天津美女里面最会做川菜的，川菜厨子里最漂亮的"之类幽默风趣的语言归纳账号所瞄准的细分领域及内容特点。

最后，要注意与粉丝的互动方式。与粉丝交流是账号"走出屏幕"的重要手段，也是建立账号在粉丝心中独特形象的大好机会。想一个特有的对粉丝的称呼、使用与主要粉丝群体年龄或特点相匹配的语言等做法都是值得推荐的。与粉丝的良好互动还可以体现在下一期视频中，例如，应粉丝要求，下一期视频的主题有所改变或者制作类似的菜品等。

4. 专业厨师探店类抖音号要注重照片和视频的拍摄手法

考虑到厨师的专业身份，这类视频通常以真人出镜与第一视角相结合的拍摄手法为主，真人出镜集中于食物试吃和点评环节，第一视角主要应用于食物拍摄环节。

真人出镜是厨师对自身业务水平有充分自信的表现，可以增强观众对账号的信任。真人出镜有利于营造具有现实感的氛围，突出了画面的真实性，拉近了出镜人物与观众之间的距离。第一视角是拍摄食物时的常用视角，具有沉浸感强的特点，强调眼见为实，提高了视频的说服力。

对于食材的品质和食物的制作过程，厨师拥有毋庸置疑的发言权。拍摄视频时可以将近景与远景结合起来，以远景突出食物外形，以特写强调食物特色。

第 6 章

时尚美妆赛道抖音号变现经典案例

爱美之心，人皆有之。目前的社会环境趋于开放包容，近年来社会审美有了一定的变化，不仅认可女性对精致美丽外形的追求，也不再将男性追求漂亮的外表视为不当。男性和女性对自身外形的重视催生了分别面向男性和女性的时尚搭配类和美妆类抖音号。

6.1　北方的烈阳：男性时尚搭配

一、账号运营背景

男性时尚搭配是目前较为热门的话题，相关视频具有广泛的潜在受众。青年具有强烈的好奇心，对新鲜事物有天然的兴趣。男性时尚搭配类视频主要面向青年男性，以男性的角度解读青年男性时尚搭配的基本要素并进行推荐。

经济的不断发展为人民追求美好生活提供了经济基础。经济发展水平的提高和社会生产力的不断发展是男性时尚搭配类视频生存的最重要前提和不可替代的基础。

大量青年追求个性解放、打破传统，其审美观念不断变化，青年男性对自身的外形重视程度随之提高。相比于父辈，新一代的青年男性普遍对时尚搭配更加重视，也更加追求个性化。时尚搭配立足于又超出了基本需求，是青年男性实现更高层次需求、发展审美的重要表现形式。对一些青年男性来说，时尚搭配是一种爱好，这种爱好对缓解压力、促进身心健康有一定的积极作用。

二、账号运营值得借鉴之处

"北方的烈阳"是目前抖音时尚美妆赛道上极为优秀的男性时尚搭配类账号。截至 2022 年 2 月，该账号的粉丝量已达 566 万，获赞多达 9900 万次。

1."北方的烈阳"的视频封面有一定的艺术性，色彩搭配合理

时尚搭配视频本质上是一种美学视频，要将实用性和艺术性有机地结合起来。视频封面体现了穿搭和拍摄的艺术感，给观众以视觉的享受，具有一定的美学价值。同时，观众还可以借鉴其摄影手法和技巧，一举两得。

2."北方的烈阳"的视频配乐紧跟潮流，具有一定的时效性

时效性是抖音视频得以发展的重要因素。有趣的配乐有利于吸引观众的注意，增加观众对视频的兴趣。参考当前热点人物和影视作品中的搭配方式，既可以展现主播本人较强的审美能力，也体现了对平台规则的有效解读，在一定程度上可以提高视频播放量。

3."北方的烈阳"坚持视频更新与直播相结合

"北方的烈阳"的视频更新速度较快，直播时间选择比较合理。较高的视频更新频率有利于保持观众的兴趣，增强观众的黏性。

4."北方的烈阳"的主播具有鲜明的个人特点

"北方的烈阳"的主播有两个招牌动作——歪嘴笑和压帽，这不仅体现了主播的个人特点，而且提高了账号的辨识度。

5."北方的烈阳"的视频所推荐的搭配既简单又精致，具有较强的可复制性

"北方的烈阳"的主播身材较为常见，其推荐的搭配以普通身材的青年男性为样本，充分体现了当代青年男性活泼向上的个性特点，生活气息浓厚。在日常生活中，青年男性采用类似的搭配基本上是得体大方的。

三、同类账号运营及变现注意事项

男性时尚搭配类抖音号运营及变现注意事项如图 6-1 所示。

融入女性的观点

尊重多元化选择

精准定位受众

图 6-1　男性时尚搭配类抖音号运营及变现注意事项

1. 男性时尚搭配类抖音号要适当融入女性的观点

目前的男性时尚搭配类抖音号的主播以男性为主，他们主要从男性自身的角度切入，视角有一定的局限性。为了减轻这一局限性造成的影响，男性时尚搭配类抖音号可以适当融入女性的观点，引入女性主播或在创作团队中增加女性成员，以增强内容的适用性和创新性。

2. 男性时尚搭配类抖音号要尊重多元化选择

男性时尚搭配类抖音号要破除刻板印象，努力消除"男性讲究时尚是不务正业"的偏见。青年男性注重个人形象、了解时尚搭配在某种程度上是审美能力提高的体现，对此应当持理解和尊重的态度。

3. 男性时尚搭配类抖音号要精准定位不同年龄层级、身材体型和身份特点的观众

精准的推荐是用户持续关注相关账号的基础。男性时尚搭配类抖音号最好基于主播的年龄和身材体型特点，进行真人实物搭配推荐。

主播本人不需要具有完美的身材，身高和体重处于正常范围即可，这样更容易拉近主播与观众的距离。观看此类视频的很多青年男性刚刚接触相关领域，对自身的身材特点没有深入的了解，相似身高和体重的人推荐的时尚搭配显得更有参考性。

这类账号要对常见的搭配风格有深入的了解，因为其受众较为广泛，而且青年男性往往看重实用性，希望视频中推荐的时尚搭配能够应用于日常生活中的各种场合。观众的身份复杂多样，有的还是学生，有的刚刚进入社会，他们出入的场合是有所不同的，这要求账号要针对不同的身份和场合推荐合理、得体的时尚搭配。

6.2　Deer 孙桥潞：女性时尚搭配

一、账号运营背景

女性时尚搭配一直以来都是热门话题。女性热爱美丽事物，因此非常注重时尚搭配。女性注重时尚搭配是爱自己的生活态度与优雅得体的社会要求双重作用的结果，具有个体层面与社会层面的双重属性。

女性注重时尚搭配，是女性爱美天性的表现，体现了女性积极乐观、爱自己的生活态度，有利于提升自身幸福感。尊重自己，悦纳自己，通过时尚搭配打扮自己，弥补自身的不足，是女性对自己有高度自信的表现。

搭配得体的服饰可以发挥礼仪性的作用，能将自身良好仪态与对他人充分尊重有机地结合起来。良好的形象管理以人际交往中表示尊重与友好为目的，以和谐交往为根本准则，以容貌和着装为表现形式。精致讲究的形象能给他人以美的感受，为进一步互动交流提供良好的情绪基础。

二、账号运营值得借鉴之处

"Deer 孙桥潞"是目前抖音时尚美妆赛道上首屈一指的女性时尚搭配类账号。截至 2022 年 2 月，该账号已有粉丝 567.5 万，获赞超过 6808 万次。

"Deer 孙桥潞"的主播孙桥潞以经典动画《巴啦啦小魔仙》中的角色"美琪"被大众所熟知。该账号以这一角色为重要特点，其主页中写着"如果我不会魔法，你们还会爱我吗"这样的介绍语，吸引了大量相关动画的粉丝。

"Deer 孙桥潞"公开了自己的抖音"喜欢"列表，利用自身年龄较小的特点，打造与观众群体相似的角色特质。该主播与其大多数观众年龄相仿，其兴趣爱好自然具有一定的相似性。其"喜欢"列表包括常见的趣味视频和游戏视频，这些都是当前青年群体关注的内容。

1. "Deer 孙桥潞"的主播具有鲜明的特点，容易引起青年群体的共鸣

例如，她展示自己的童年照片，喜欢帅气的男明星，喜欢吃螺蛳粉，对新鲜事物有较强的好奇心等。这些特点是主播拉近与观众的距离、让观众产生共鸣的重要基础。

2. "Deer 孙桥潞"的视频封面构图合理，重点明确，易于识读

绝大多数视频封面由白色、黄色、粉色的文字与直播图片构成，重点比较突出，具有较强的吸引力。其视频封面的语言是青年人常用的语言，既有趣又有一定的悬念，与观众的年龄层次相匹配。

3. "Deer 孙桥潞"的视频具有强烈的真实性

针对青年女性群体，该主播以自身的实践为基础向观众推荐产品，解决观众的痛点，想观众之所想，避免盲目推荐和虚假宣传。

4. "Deer 孙桥潞"注重弘扬正确的价值观，为青少年观众提供积极正面的引导

针对粉丝以青少年为主、未成年观众所占比例较高的受众特点，该主播专门发布相关视频提醒未成年人不要在直播间中刷礼物，倡导理性消费。作为自媒体，抖音号对社会风气的形成有一定的影响。该视频提醒未成年人不要在直播间打赏，这体现了其社会责任感，增加了成年观众对其的好感，增强了观众黏性。

三、同类账号运营及变现注意事项

女性时尚搭配类抖音号运营及变现注意事项如图 6-2 所示。

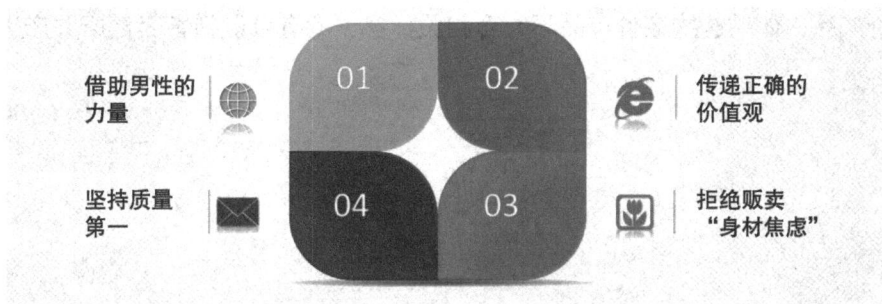

图 6-2　女性时尚搭配类抖音号运营及变现注意事项

1. 女性时尚搭配类抖音号同样可以借助男性的力量

女性从自身的角度进行时尚搭配可能存在一定的局限性，以异性的视角对时尚搭配提出具有建设性的意见和建议有利于开阔创作思路，促进创新。

2. 女性时尚搭配类抖音号要坚持传递积极的信念，拒绝贩卖"身材焦虑"

女性时尚搭配类抖音号要坚持"只要不危害健康，女性什么样都很美"的原则，反抗"苗条的暴政"。接受多元化的女性形象、拒绝标签化是这类账号应该向青年女性传达的重要信念。

3. 女性时尚搭配类抖音号要向女性传递正确的价值观

女性时尚搭配类抖音号要拒绝物化女性，引导青年女性形成独立自主的人格。这类账号要帮助女性树立主体意识，承担相应的社会责任，引导青年女性形成独立的思想和完整的人格，以取悦自己、尊重他人为前提学习时尚搭配。

女性时尚搭配类抖音号要坚持正确的时尚搭配理念，遵守法律法规和社会道德，拒绝"打擦边球"，为营造清朗健康的网络环境做出应有的贡献。

4. 女性时尚搭配类抖音号在带货时必须坚持质量第一的原则

女性时尚搭配类抖音号要严格筛选带货产品，避免劣质产品伤害女性健康。青年女性经常面临追求美丽和预算有限的矛盾，常常会在经济压力下选择一些廉价产品，如果这些廉价产品不符合相关标准，就有可能损害其健康并产生不良后果。

6.3 叶公子：女性美妆

一、账号运营背景

女性美妆产品是当前化妆品市场的重要组成部分。女性普遍使用化妆品修饰容貌，消费群体规模巨大。护肤是化妆的基础性步骤，状态健康的皮肤能够让化妆品的效果变得更好，因此护肤是美妆必不可少的组成部分，各类护肤品也层出不穷。化妆的步骤较多，包括妆前、底妆、眼部化妆、脸型修饰、唇妆等。每一个步骤都有相应的品牌和产品，选择十分丰富。

抖音上的营销大多采用从激发用户兴趣到"种草"再到促进用户行动的闭环营销体系（见图 6-3）。

图 6-3 抖音闭环营销体系

首先，营销人员通过具有强大视觉冲击力的内容抓住用户的眼球，通过合理的配色、有吸引力的音乐和对产品的详细介绍让用户对产品产生良好的第一印象，让用户对产品产生兴趣。这一步的主要目的是最大限度地激发用户的兴趣，为下一步的营销打下坚实的用户心理基础。

然后，营销人员通过各种方式"种草"。线上的"种草"方式包括在视频评论区或直播间提供相关产品的购买链接，以便观众直接跳转到相应平台购买；线下的"种草"方式包括与线下实体店联动，对一些不常见的产品进行"指路"，宣传其购买地点；或者利用线上支付与线下取货相结合的手段，为实体店附近用户购买产品提供便利。

最后，营销人员通过线上、线下两种方式进一步激发已有用户的兴趣，使之产生购买行为。例如，与相关品牌联动，推出联名产品，或者由线下品牌店为粉丝提供赠品、优惠或限定周边产品等。这样一来，整个营销过程就形成了一个闭环。

二、账号运营值得借鉴之处

"叶公子"是目前抖音时尚美妆赛道上战绩傲人的女性美妆类账号。2019年上半年以来，该账号多次登上粉丝增长量最多的新锐榜，2019年该账号在美妆相关领域排名第二。截至2022年2月，该账号粉丝量突破3000万，获赞5.1亿次。其视频合集"重启吧，婚礼"的播放量近4000万次，情感类视频合集"霸道叶总爱上离"播放量超过8000万次。

1."叶公子"的账号名称和简介具有鲜明的个人特点，体现了中性美

"叶公子"这个名称给人的第一印象是男性主播，但事实上主播是具有中性美的女性，这有效地增强了用户对该账号的兴趣。该账号的简介体现了主播帅气的特点，突出了性别反差感，进一步凸显了主播的个人风格。

2."叶公子"的视频内容主题明确，故事性较强

"叶公子"的视频剧情以美妆恋爱反转类为主，有一定的创新，结尾往往很

亮眼。其视频主要分为四类，即"打脸型""反转型""闺蜜类"和"反套路型"。视频故事情节较为有趣，尤其是前三种，既保持了惩恶扬善的基调，又反击了嫌贫爱富之人。"反套路型"视频的最大特点就是剧情会发生反转，这减少了同质化内容给观众带来的审美疲劳。

3."叶公子"的带货广告以毫不突兀的方式插入视频

根据视频的不同特点，相关的带货广告会做不同的调整。"打脸型"视频以逆袭反转的情节为基础，展示了由丑变美的过程，可以很自然地将美妆产品带出来。"反转型""闺蜜类"及后来出现的"反套路型"视频除了会植入美妆产品，还会植入食品和日用品。

例如，视频《女生介意的从来不是你没钱，而是你过度敏感》的情节设计十分精巧。该视频将椰汁饮料的广告插入吃串串偶遇前任男友的故事情节之中，同样是用饮料解辣，通过对比前任和现任男友的做法，自然而然地引出椰汁这一产品。该视频巧妙的地方在于，带货的人物不是主角，而是配角服务员。由服务员介绍椰汁饮料的特点是很自然的，避免了突兀插入广告的尴尬。在故事中，现任男友大量购买该饮料，从侧面体现了该饮料的高品质。

配角以剧情为依托，顺水推舟地介绍带货产品，充分体现了该账号的高明之处。这种方式避免了生硬的商业推广，具有出其不意的趣味性，有利于增强观众的代入感，也在故事情节的冲突中抓住了用户的注意力。

4."叶公子"的视频主题健康，注重弘扬正能量

该账号的视频情感基调积极向上，内容寓教于乐，涵盖日常生活中的各个方面，而且主播扮演的角色都是正直善良的人。例如，在"打脸型"视频中，该账号宣扬家庭和谐，劝告青年男性以力所能及的方式对女友或妻子更好一些，劝告青年女性维持和谐的婆媳关系；在"闺蜜类"视频中，该账号强调友情的重要性；在"反转型"视频中，该账号向青年传达了平等待人、文明礼貌的观念，引导青年提升个人素质、传播正能量。

三、同类账号运营及变现注意事项

1. 女性美妆类抖音号要有精准的定位

女性美妆类抖音号要判断粉丝的商业价值，聚焦于粉丝的关注点，对比活跃粉丝画像，筛选粉丝重合度较高的其他抖音号并与之联动，或者在不违反商业道德的前提下相互借鉴；以与粉丝群体的契合度为基础进行带货，提高相关品牌在目标用户群体中的曝光度。

女性美妆类抖音号要基于粉丝群体的年龄等特点描绘精准的用户画像，筛选相应年龄段的热点话题，确定视频主题，增强故事性，通过输出高质量的内容吸引相关美妆品牌前来合作。

2. 女性美妆类抖音号要坚持正确的价值观，兼顾社会效益和经济效益

首先，这类账号要避免贩卖容貌焦虑，促进社会审美多元化，减少单一、刻板的审美标准给青年女性带来的消极影响。"生活中从不缺少美，而是缺少发现美的眼睛"，美的标准并不是固定的，这类账号应该针对具有不同容貌特点的青年女性群体推出不同的美妆方案。

其次，这类账号要宣扬女性独立自主的精神，让女性观众认识到学习美妆是为了打扮自己或遵守礼仪，而不是一味地取悦他人。目前，社会上存在着将容貌与自律等道德品质联系起来的现象，有些女性不使用美妆产品，有时会被他人扣上"不精致"的帽子，这些观点是站不住脚的。这类账号要坚持号召女性以独立自主的态度面对不良的社会风气。

最后，这类账号要宣扬积极向上的观念，不当"防火、防盗、防闺蜜"这类不良言论的传播者。少数美妆类账号无下限、无底线地迎合低俗需求，为了获得流量不惜编出荒诞不经的剧情，很可能对青年女性产生消极影响。这类账号需要立足于生活，创作合理的冲突矛盾和解决方案，传播积极健康的生活观念。

6.4 仙姆 SamChak：男性美妆

一、账号运营背景

随着社会的发展，男性愈加重视自己的外表，护肤意识增强，开始使用化妆品修饰自己的容貌。男性"颜值经济"蓬勃发展，男性美妆产品的消费群体日益扩大，市场规模持续增长，这是经济发展水平提高、社会消费水平提升的必然结果。

我国男性化妆品市场的热度不断提升。相关数据显示，从 2018 年以来，我国男性化妆品市场的年均增速超过 7%。据预测，到 2023 年，全球男性化妆品市场规模将达到 5400 亿元，我国市场规模将突破 200 亿元。男性化妆品市场拥有巨大的潜在发展空间，是一片蓝海。

社会经济的发展和思想观念的改变为男性美妆抖音号的运营和发展提供了前提，奠定了基础（见图 6-4）。

青年男性是男性美妆类抖音号的主要观众，这一群体数量巨大，有一定的消费能力。当代青年男性勇于做自己，重视自己的外表，乐于尝试改善自己的形象。这一核心受众是男性美妆类抖音号持续发展的用户基础。

社会审美近年来发生了一定的变化。过去，很多人并不将男性不修边幅视为一种缺点，而当前社会对于男性的主流审美标准是干净清爽，男性的外表趋于精致化。男性化妆逐渐成为一种保持仪表整洁得体的礼节性需要。

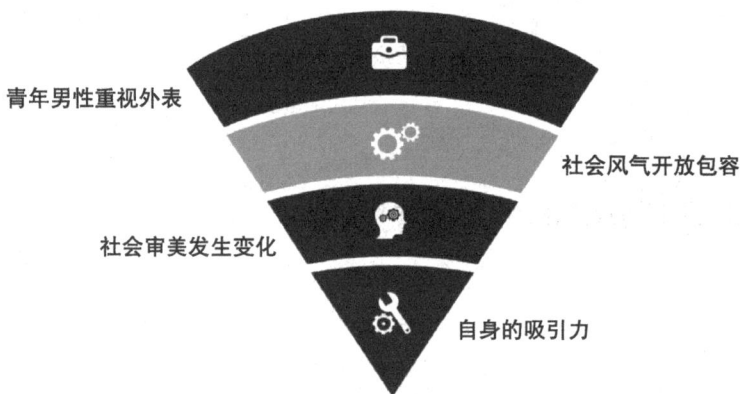

图 6-4　男性美妆类抖音号运营的前提和基础

社会风气的包容性增强，对男性化妆的偏见呈逐渐减少的趋势，是男性美妆类抖音号得以发展的社会文化基础。当今的社会是开放多元的社会，男性对美的追求受到充分的尊重。很多人认为男性化妆并不是缺乏男性气概的表现，男性美妆类抖音号则着力破除刻板印象，宣扬男性也可以追求美。

男性美妆类抖音号自身的吸引力也是其获得发展的基础。抖音视频本身提供了丰富的体验。在视频中，男性化妆品的效果立竿见影，实实在在地美化了主播的容貌，对青年男性的吸引力较强。

二、账号运营值得借鉴之处

"仙姆 SamChak" 是目前抖音时尚美妆赛道上位居前列的男性美妆类账号。通过主播良好的美妆技术和多变的美妆风格，该账号曾获得一个月之内涨粉超过 500 万的佳绩。截至 2022 年 2 月，该账号粉丝量高达 1363.7 万，获赞多达 1.1 亿次。其视频合集 "Sam 的红黑榜" 的播放量高达 9200 万次。

1. "仙姆 SamChak" 的主播有深厚的专业背景和丰富的实践经验

该主播毕业于巴黎彩妆学院，拥有专业背景。在成为美妆博主之前，该主播曾担任化妆品牌彩妆师和明星彩妆师，实践经验十分丰富。

2. "仙姆 SamChak" 的视频对新手较为友好，便于新手学习

该账号面向新手推出了"新手看这儿"和"新手必入小工具"等合集，为新手学习美妆提供了极大的便利，减少了入门的阻碍。

3. "仙姆 SamChak" 的视频将美妆技巧和护肤技巧有机地结合起来

"仙姆 SamChak" 的视频为男性美妆提供了全方位的指导。护肤是化妆的前提和基础，也是化妆之前的必备步骤。针对青年男性对护肤了解有限的现状，该账号通过清楚的讲解，精准区分不同的肤质，让青年男性了解护肤的基本步骤和重要性。

4. "仙姆 SamChak" 兼顾女性美妆，引入了女性模特，扩大了潜在的受众群体

其部分视频的受众是女性，既有利于体现主播的精湛技术，也获得了女性观众的喜爱，增加了女性群体对该账号的关注。

5. "仙姆 SamChak" 坚持输出男性美妆的正能量

主播本人妆容清爽干净，化妆风格鲜明，适用于普通青年男性的日常生活。主播的化妆手法和讲解体现了典型的男性特点，妆面干净，避免女性化，传递了青年男性追求美的向上态度。

三、同类账号运营及变现注意事项

1. 男性美妆类抖音号要注意内容尺度

男性美妆类抖音号不能以恶俗、无底线的男性女性化装扮博取观众眼球，要拒绝通过"奇葩"装扮吸引粉丝。男性化妆要注意尺度和分寸，要重点体现男性自身特有的阳刚美感，避免过度装扮。男性美妆是新兴事物，社会基础相对薄弱。如果男性美妆类抖音号以恶俗的方式将男性装扮成"奇葩"形象，就会败坏整个社会对男性美妆的好感，无异于竭泽而渔、自毁长城。

2. 男性美妆类抖音号在带货时必须重视产品质量

男性化妆品是新鲜事物，其质量标准尚待完善，男性美妆类抖音号在带货时要避免尚不成熟的化妆品对青年男性的身体健康产生危害。

很多青年男性刚刚接触美妆，对相关成分和标准缺乏了解，而男性美妆类抖音号通过展示自身专业性和良好的化妆效果很容易吸引他们购买相关产品，因此男性美妆类抖音号必须谨慎挑选带货产品。

第 7 章

产品评测赛道抖音号变现经典案例

如今，市场上的商品五花八门，吸引着消费者的目光。面对良莠不齐的商品，许多消费者在做出购买决策之前，也会做一些功课，如观看相关评测视频，对商品的质量和性价比做出自己的判断。

在抖音平台上，各个领域也不乏评测视频，如美妆产品、美食、汽车、科技产品、生活用品等。评测视频的魅力何在？评测博主又是运用什么策略在抖音上成功变现的呢？

7.1 毒辣车评：汽车评测

一、快速认识"毒辣车评"

2022 年年初，哔哩哔哩弹幕网（以下简称"B 站"）公布了 2021 年百大博主名单，"一鹿有车"榜上有名。在宣传海报上，"一鹿有车"的简介是："他是史上最毒辣的车评人，传播汽车文化的'重量级'UP 主，一鹿有车的主持人区长。辛辣的调侃之下，是事实和数据的强力支撑；看似暴力的评测过程，总能得出真实有效的结论；诙谐的整活儿剧情背后，是对汽车和生活的无尽热爱。他言辞尖锐而不失幽默，整活儿搞怪又不乏专业，为观众呈现了独树一帜的汽车内容。"目前，"一鹿有车"在 B 站的粉丝已经超过 120 万。

对许多爱车人士来说，"一鹿有车"早已是业界最具权威、最"毒舌"、最敢说的汽车评测博主之一。"一鹿有车"在抖音平台上也开设了账号，其账号名称直接点出自己的评测风格——"毒辣车评"。该账号的个性签名进一步强调了其评测风格——"毒辣是毒辣，但都是真话"。"真实的毒辣"、犀利的观点恐怕正是该账号赢得观众喜爱的主要原因。

"毒辣车评"的博主被粉丝亲切地称为"区长"，目前该账号在抖音已获得超过 1085 万粉丝的关注，收获点赞超过 8000 万次。在已经发布的 200 多个作品中，每条视频的点赞量基本都在 15 万以上。"毒辣车评"不仅通过单条视频介绍市面上的各种车型，而且制作了不少视频合集，如"德日美系谁扛造""不能买系列""不说谎系列""怎么选系列"等。

二、"毒辣车评"的流量密码

"毒辣车评"的流量密码如图 7-1 所示。

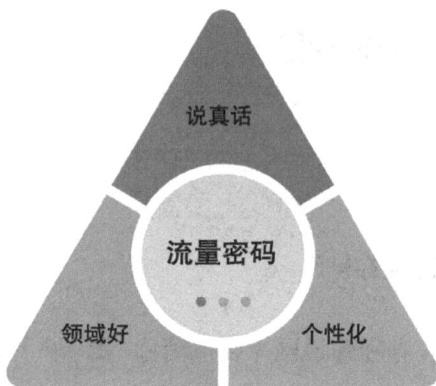

图 7-1 "毒辣车评"的流量密码

1. 说真话

汽车的宣传推广与其他商品有很多相同之处，不少博主受到汽车品牌的邀请后，会凭借自身的流量和影响力为其打广告。有些博主为了利益，掩盖汽车在质量、功能等方面的缺陷，只宣扬品牌方希望他们宣传的卖点，误导了不少消费者。这种行为在汽车评测领域遭人唾弃，因为汽车属于耐用消费品，购置成本较高，一旦选择不慎，消费者将苦不堪言。因此，说真话是汽车评测领域难能可贵的品质。始终坚持说真话的创作者，即使显得有些"毒辣"，也会赢得观众的认可。

"毒辣车评"擅长抓热点，经常挑一些缺陷较多的车型点评，这让其作品往往自带流量。例如，之前区长犀利批评某品牌车型，称这是一款"偷工减料、戏弄中国消费者"的可恶车型。粉丝问"面对此车该怎么办"，区长回应"点赞转发该视频，让白眼狼品牌早日得到应有的惩罚"。区长的这种表达方式成功地抓住了粉丝的心理，既能让消费者感到大快人心，又能为自己的作品吸引流量。

"毒辣车评"的点评并不是自娱自乐，很多汽车品牌在产品缺陷被揭露之后，确实对相关车型做出了改进。例如，前面提到的某品牌就对车型进行了改款，评测指标变得不那么难看了。不少网友戏称，区长的毒辣让该品牌"改过自新"了。

说真话已经成了粉丝对"毒辣车评"的基本要求，每次新视频发布后，总有粉丝在评论区表示"今天的点评不够犀利"。

2. 个性化

与一般的评测博主相比，区长显得比较另类。在评测视频中，他总是朴素出镜，站在一辆汽车前斜视镜头。面对提问，他漫不经心地捻一下手指，收下对方递来的 100 元人民币，揣进衣服口袋里（讽刺那些只看钱、昧着良心做推广的博主），然后从容地述说自己对相关问题的看法。例如，在置顶视频中，面对"买啥车最能发家致富"这一问题，区长首先放出结论"有钱的买奔驰，没钱的买丰田"，简单明了，不故弄玄虚。

这些结论并不是随意得出的，在视频的主体部分，区长会逐一论证。区长评测方式的个性化也体现在此：他善于将各种专业评测截图、权威报告呈现在视频中，并结合具体数据为观众展开讲解，让人不得不信服。直观的图表配上生动的例子，即使是门外汉，也能快速了解各种车型之间的差异。

3. 领域好

网上的评测博主比比皆是，为什么偏偏"毒辣车评"能够走红？这与其选择的垂直领域有关，汽车评测是一个技术活儿，不具备丰富专业知识的人很难胜任，进入壁垒较高，因此竞争压力相对较小。

早在"毒辣车评"走红之前，另一位车评博主"38 号"也曾获得很高的知名度，其独特之处在于自买自测。为了得到一手评测资料，"38 号"不惜斥巨资购买各种车型，为消费者提供值得信任的信息。"毒辣车评"作为后起之秀，采用了不一样的做法：广泛地参考中保研、IIHS 和车质网等权威平台的资料，为自己的观点提供支撑。

抖音上有不少汽车评测类账号，部分账号也获得了很多人的关注，但与"毒辣车评"等头部账号比起来，明显缺乏竞争优势。不少账号简单地模仿"毒辣车评"的形式，将"敢说真话"作为看点，但不具备"毒辣车评"的专业能力，内容缺乏说服力，颇有东施效颦的意味。

可见，领域选得好只是一个方面，有理有据的内容才是打动观众的关键所在。在每个作品的背后，"毒辣车评"一定倾注了大量的心血，花费了不少时间查阅相关资料，只有这样才能确保自己的观点无懈可击。

三、"毒辣车评"的变现诀窍

"毒辣车评"这个抖音号属于一鹿有车公司，该公司起初主营平行进口车业务，后来进行业务转型，主要为消费者提供多种汽车服务，包括汽车报价、购车指导、车市咨询、用车指南等。区长的走红不但让更多的消费者开始关注"毒辣车评"，还提升了一鹿有车公司的知名度，带动了公司的相关业务。

区长在批评某些品牌的车型缺陷的同时，也愿意协助优秀的汽车品牌进行宣传，不仅为相关车型打开了销路，还能赚取推广费用。例如，在2021年上半年，"毒辣车评"曾发布一个推广视频，从各个角度介绍五菱宏光 MINI EV 的设计和性能，告诉消费者五菱宏光 MINI EV 并不是"老头乐"，而且具有很高的性价比。这个作品既延续了区长一贯的风格，也突出了五菱宏光 MINI EV 的独特卖点，可谓双赢。

7.2　老爸评测：生活类产品评测

一、老爸因何机缘走上评测之路

在 2022 年年初公布的 2021 年 B 站百大博主名单中，我们可以看到"老爸评测"这个账号。B 站官方这样评价他："商业世界套路频出，老爸评测帮助大家避免消费踩坑。小到一根烤肠、一支口红，大到高考阅卷、逃生方法，魏老爸都能以专业的知识储备和严谨的探究态度，说出各家门道，为网友拨开迷雾见真相，指明其中隐藏的风险，收获满满好评口碑。"

"老爸评测"在 B 站拥有 400 多万粉丝，每个投稿都能获得 100 万以上的播放量及满屏的弹幕。由于"老爸评测"广泛评测各种物品，其粉丝覆盖了青年、中年、老年等各个年龄段的群体。

抖音的用户对"老爸评测"也不陌生，因为同名抖音号目前已经获得了 2297 万粉丝的关注，获赞超过 1.4 亿次。在个性签名一栏，"老爸评测"明确提出自己的使命——让天下老百姓过上安全放心的生活，并调侃道"评测得罪人太多，谣言勿信"。在账号主页，"老爸评测"将评测物品分类，还制作了一些视频合集，如"家具生活""食为天""装修""爸妈必看""美妆日化"等，覆盖了日常生活的方方面面。

"老爸评测"当年进入这一领域纯粹是出于巧合。2019 年，也就是账号成立 4 周年之际，"老爸评测"在各个平台上发布了一条视频，亲自述说这段奇妙的经历。

2015 年，"老爸评测"的创始人魏文锋经营着一家化学品安全评估服务公司，从未想过踏入自媒体领域，直到看见了女儿的一张书皮。

正在读小学的女儿让他帮忙为课本包上书皮，魏文锋闻到了刺鼻的气味。他对书皮的质量产生了怀疑，并担忧女儿的健康，于是决定展开调查，结果令他心惊：市面上销售的书皮大多数都是"三无"产品，没有标注原材料和生产厂家。为了进一步了解书皮的成分，魏文锋购买七款书皮，将其送到国家精细化学品质量监督检验中心进行检测，并自行承担上万元的检测费用。结果显示，七款书皮均含有大量化学致癌物，还存在干扰人体内分泌的化学物质。

魏文锋的女儿从此躲过了这些"三无"书皮的毒害，但不计其数的中小学生依然在使用它们。魏文锋觉得自己不能袖手旁观，要把这件事告诉更多的人。一开始，他在各种平台上写文章，请求家长转发。在舆论的助推下，这件事情终于得到了大众的关注。此后，魏文锋代表广大普通家长，和身边的支持者一起组建了评测团队，自掏腰包成立了杭州老爸测评科技有限公司。魏文锋下定决心将产品测评作为自己的事业，帮助全天下的父母为自己的孩子选购安全的产品。

后来，视频代替图文成为最受欢迎的信息传播形式。魏文锋紧跟潮流，开始拍摄视频，以获得更广泛的社会关注。拍摄第一支正式的纪录片时，魏文锋投入了约 10 万元，好在视频获得了上百万次的播放量，并吸引了媒体的关注。不过，视频拍摄成本很高，魏文锋很快就入不敷出，如何在推进检测事业的同时获取收入成了"老爸评测"面临的一个棘手难题。

二、从公益众筹到流量变现的坎坷之路

"老爸评测"的变现模式发展过程如图 7-2 所示。

图 7-2　"老爸评测"的变现模式发展过程

1. 微商城——获取收入的第一步

魏文锋揭露"三无"书皮的目的不是制造恐慌，而是解决问题，推动产品质量的提升。魏文锋组织众多家长建立微信群，集体商讨如何改进书皮的产品标准。最终，魏文锋联系到上海的一家文具生产商，希望定制一款原料安全可靠的书皮。该生产商同意合作，生产了 10 万余张书皮。当时正值开学季，这款安心书皮在微商城"老爸良心推荐"上架，收到了数量可观的团购订单。

随着检测工作的进一步推进，很多日常用品陆续上架，包括文具、厨房用品、母婴产品、生鲜食材等。产品的详细检测报告、检测成本和进货渠道等信息，全部公开透明地呈现在消费者面前。"检测 + 微商城"的运营模式给"老爸评测"带来了旺盛的生命力，其后来的发展轨迹也印证了这一点。

2. 通过众筹维持检测工作

后来，不少家长将目光投向孩子们常用的、有可能存在安全隐患的其他文具，乃至各种生活用品。面对强烈的需求，魏文锋努力做到不负众望，但检测费用给他带来了巨大的压力。到 2015 年年底，"老爸评测"通过微商城实现了近 30 万元的月收入，但每月的检测费用高达 70 万元，原先的模式难以为继。于是，部分家长想出来一个众筹的方案，愿意共同为"老爸评测"提供检测费用，只要能够确保大家普遍关心的某款产品的安全性。这要求"老爸评测"的支出必须透明，于是魏文锋将众筹来的资金及各项检测支出公布在微信公众号上。到 2016 年年底，在"老爸评测"和大量家长的共同努力之下，23 个检测项目得以开展。

3.探索成熟的商业模式

互联网行业的盈利模式一般可分为三种。第一种是 B2B 模式，也就是将其他企业作为客户。不过，"老爸评测"面向的是广大消费者，如果和其他企业达成商业合作关系，就会偏离初衷，丧失长久以来积累的公信力。第二种是与广告相结合的 B2B 模式，采用这种模式意味着要把检测和生产的主动权交给其他企业，自己只负责宣传推广，这也和"老爸评测"的定位、使命相违背。第三种是 B2C 模式，即企业直接面向消费者销售产品。

综合分析之后，魏文锋认为只有采用 B2C 模式，才能解决消费者的痛点。魏文锋也考虑过采取订阅模式，即通过短视频平台为消费者提供合格产品的检测信息，不销售相关产品，让消费者自行寻找购买渠道。但是，该模式推行难度大，不足以支撑"老爸评测"实现长远发展。因此，魏文锋决定继续销售检测合格产品，着力在抖音等短视频平台上提高"老爸评测"的知名度，通过"粉丝经济"紧紧抓住消费者，同时展开检测工作，不收取厂商的广告费和赞助费。2017 年，"老爸评测"开设了淘宝店铺，业务范围越来越广。目前，抖音上的"老爸评测的小店"共有超过 999 件的在售商品，每月销量都在 10 万单以上，热度超过 91% 的同行店铺。

三、"老爸评测"面临的发展机遇和挑战

"老爸评测"不同于普通的带货账号，但也从未想过埋头于产品检测。魏文锋称自己为"裁判员"，既要检测消费者关心的产品，也要承担一定的社会责任。评测流程要做到精益求精、公开透明，评测原则和立场要公正、坚定。

安全是影响消费者决策的决定性因素之一，"老爸评测"在店铺销售的全都是检测合格的商品。当然，一家店铺不可能涵盖所有的品牌和品类，因此，"老

爸评测"会在抖音店铺和微商城推出好物清单，供消费者自由选购。

如今，"老爸评测"已经形成了完善的电商运营体系，除了抖音店铺，还推出了公众号商城和 App。未来，"老爸评测"有可能向"产品评测 + 直播带货"的方向发展，也有可能创立自己的品牌，探索自产自销的商业模式。

7.3　涛哥测评：玩具评测

一、"涛哥测评"：抖音玩具赛道上的头部账号

在抖音的产品评测领域有这样一类博主，他们评测的产品既不像汽车那样价格昂贵，也不像手机那样科技含量很高，还不像日用品一样在生活中随处可见，他们评测的是实用价值有限、娱乐价值极高的产品——玩具。近年来，泡泡玛特等盲盒品牌在年轻群体中走红，从侧面说明玩具拥有巨大的市场潜力。

抖音的主力用户是年轻人，他们也是时尚产品、娱乐用品和母婴用品的主力消费人群。玩具的受众大体可分为两个群体。第一个群体是婴幼儿，毛绒玩偶、拼图、积木、DIY 绘画和玩具车等最受他们的青睐。现在的父母观念比较开放，希望寓教于乐，让玩具发挥益智功能，锻炼幼儿的动手操作能力与交流合作能力。因此，大多数父母愿意为孩子购买玩具，相信玩具能够激发孩子的创造力。第二个群体是具有一定消费能力的青年群体，在"二次元"文化、影视 IP、手办品牌的影响下，他们将玩具视为娱乐方式和精神追求，他们把玩具作为生活的调味剂。

在抖音上，开箱展示和评测是玩具领域最常见的视频类型，也是播放量最高的两个细分领域。这体现了用户的两个兴趣点：一是了解玩具的性价比、外观和质量，二是发现更多特别的、玩法新奇的玩具。越是新颖奇特的玩具，相关视频越能迅速获得网友的转发。成为爆款之后，相关玩具的销量很可能会飞速提升。

"涛哥测评"是抖音上玩具评测领域的头部账号之一,已经有超过 543 万粉丝,获赞 7000 多万次。其自我介绍是"关注我,每天带你看新玩具"。浏览"涛哥测评"发布的 1200 多条视频,我们可以发现他评测的玩具确实新奇多样,从假面骑士、钢铁侠、铠甲勇士等手办,到原始战神、进化者等炫酷四驱车,让用户目不暇接。在账号主页,"涛哥评测"根据粉丝的兴趣制作了几个视频合集,如"山寨玩具视频""奥特曼玩具""收藏级手办""Hot Toys 系列产品"等。

"涛哥测评"的变现模式十分简单,该账号开了推荐橱窗,目前总共上架了 13 件产品。可惜的是,店铺中玩具的销量大多在个位数,稍显惨淡,但一款价值 2000 多元的扫地机器人月销 4000 多件,撑起了店铺。除了店铺收入,"涛哥测评"偶尔会在视频中植入广告,为相关品牌进行宣传,进行流量变现。

二、"涛哥测评"运营不变现模式带来的启示

"涛哥测评"带来的启示是,即使选择没那么热门的领域,只要抓准受众的兴趣点,也能将流量转化为收入,积累一批忠实的粉丝。

1. 评测类账号的运营要点

评测类账号的运营要点如图 7-3 所示。

图 7-3 评测类账号的运营要点

第一，评测博主要熟悉抖音平台的特性。每个平台都有自己的运营规则和特点，测评博主不可能只凭一个模式在每个平台上做得风生水起。具体来说，同样是玩具评测，小红书虽然用户黏性强、环境相对自由，但目标受众的基数相对较小，在小红书上推广玩具的效果恐怕不如抖音。在抖音平台上，品牌方投放营销内容、博主助力推广是比较常见的一种模式。"涛哥测评"经过多次尝试，对抖音平台的特性有了深入了解之后，才发布了更符合抖音用户口味的各类视频。

"涛哥测评"在B站上也有账户，但作品封面和标题与抖音平台上的完全不是一种风格。在抖音上，"涛哥测评"会在视频中穿插发布一些娱乐性的个人视频，这比较符合抖音平台的风格；在B站上，"涛哥测评"的视频风格显得更加严肃、专业化。

另外，评测博主还要注意跟踪数据，及时对内容进行调整。例如，同样一个关于刑天铠甲10周年纪念套装的视频，在B站上的播放量高达19.1万，而在抖音上只有5.8万，这说明不同平台用户的内容偏好确实有所不同。

第二，评测博主要让内容贴近用户。玩具评测有一定的专业性，但玩具评测博主既要考虑资深玩家，也要照顾普通观众。"涛哥测评"主动充当引路人，带领普通观众深入了解玩具知识。

对评测类博主来说，如果在评测过程中或语言表达上出现了明显的错误，就很可能被用户发现，其影响往往极大，相当于自砸招牌。优秀的内容来自专业的团队，创作团队要做到术业有专攻，把每个环节的工作做到位，确保团队成员各司其职。以"涛哥测评"为例，涛哥本人负责了解当下的热门玩具并拍摄视频、发表评论，视频的后期制作和剪辑则交给其他专业人员完成，宣传和公关工作也有专人负责。

第三，评测博主要想办法平稳度过涨粉瓶颈期。大部分账号在经过一段时间的发展之后，往往可以凭借抖音的算法机制迎来快速涨粉期，评测账号也不例外。但是这个时期过后往往是漫长的瓶颈期，粉丝数量稳定在某个水平，不再大幅增长。

曾有一段时期，粉丝圈内部普遍流传着"涛哥测评"的"黑料"，负面消息影响了账号的发展，许多刚刚了解"涛哥测评"的新粉也因此取消关注。账号进入涨粉瓶颈期，甚至不断掉粉，形势极为不利，"涛哥测评"只好另辟蹊径，设法突出重围。"涛哥测评"认为涨粉并不是账号的唯一发展目标，所以决定重点培育私域流量，耐心经营已有的粉丝，在内容质量方面下功夫。很多粉丝认为"涛哥测评"的视频质量高，所以愿意持续关注账号。

2. 发挥橱窗的作用，通过店铺完成变现

拍摄和发布短视频是账号变现的基础，开店卖货和直播打赏才是变现的有效途径。据统计，截至 2021 年年底，我国有 6 亿多抖音用户观看直播，其中将近三分之二是电商直播。抖音电商的发展势如破竹，成了平台大力扶持的对象。2021 年，首届抖音电商生态大会顺利举办，并发布了抖音电商"UP"计划，目标是扶持 1000 个抖音商家实现年销售额破亿元。

对评测博主来说，对产品的深度了解是有待发挥的优势，只要抓住电商机遇，将评测能力与电商业务相结合，必能在未来的抖音平台上立足。

走电商这条路，需要博主找准发力点。前文介绍的"老爸评测"基于对文具、日用品、食品等的检测，自然地为店铺引入了各类产品。从这个角度来看，"涛哥测评"的店铺还有较大的发展空间，玩具的种类有待进一步丰富。"涛哥测评"的店铺中有一款护肤产品比较引人注目，在时长为 1 分钟的介绍视频中，涛哥先向观众展示了他们很感兴趣的绿巨人手办，随后将话题引到此产品上："绿巨人的皮肤比较粗糙，像熬夜过后的我们，需要一套妮维雅男士小蓝罐护肤套装。"此款护肤品的销量超过了店铺中的很多玩具，这完全得益于恰到好处的推广手段。

7.4 世纪威锋：手机评测

一、账号运营背景

电子产品尤其是手机在人们的生活中扮演着越来越重要的角色。为了买到称心的手机，很多人都会大量观看手机评测视频，参考其购买建议。一个能够说服观众的手机测评视频，往往少不了数据的支撑。主播要详细展示手机的功能、特性、使用体验，介绍各种参数，并以通俗易懂的方式表达出来，确保用户能够理解。

经过多年的演变，手机市场的格局已经进入相对稳定的阶段，以国内市场来说，主流品牌数量并不多。在手机品牌有限的情况下，手机评测账号只要将实用性、趣味性和人文元素结合起来，同样可以有较大的内容创作空间和发展空间。

二、账号运营值得借鉴之处

在抖音平台的评测赛道上，尤其是在手机评测这个细分领域中，"世纪威锋"是具有代表性的头部账号。该账号的内容以手机拆解为主，截至 2022 年 4 月，其粉丝量已经将近 560 万，其发布的近 170 个视频共获赞超过 3238 万次。

1."世纪威锋"的视频标题能够有效地吸引观众的注意

"世纪威锋"的视频封面一般都有醒目的标题并标注关键内容，为观众快速了解视频内容提供了便利。例如，一看到"Redmi K50 Pro 拆解测评"这个标题，观众就知道这个视频的主要内容是对红米 K50 Pro 进行拆解。某些视频在标题上设置了悬念，可以引起观众的兴趣。例如，"一万多的三星折叠屏手机，维修费用竟然要 4900 多"这个标题将手机的价格和维修费用进行对比，引起了观众的好奇心。

2. "世纪威锋"的视频角度新颖，主要从拆解切入

常见的手机评测视频主要是对手机外观、功能、系统和性能进行评测，但"世纪威锋"利用自身经营手机修理业务的优势，独辟蹊径，将手机拆解开来，对手机的内部进行评测，不仅体现了其对手机制造工艺细节的重视，也在一定程度上为其手机修理业务做了宣传。

3. "世纪威锋"的视频具有较强的人文色彩

"世纪威锋"的账号简介是"一部手机，一个故事"，其视频不仅展现了主播高超的手机修理技术，还融入了一定的人文色彩，容易引起观众的共鸣。

例如，在《一个 9 岁的小粉丝找我修手机，我却给他布置了一份 20 年才能完成的作业》这个视频中，主播不仅展示了拆解和试图修复这台 iPhone12 的过程，还读了粉丝来信，解释了这台手机的来历及其蕴含的情感。为了激发小粉丝的学习兴趣，主播将拆下来的零件装裱起来，送给了小粉丝，还送给他学习用书，鼓励他长大之后学习更多的知识，尝试复原这台手机。

4. "世纪威锋"的视频秉持求实事求是的态度

在一些手机修理视频中，严重损坏的手机因为技术原因最终无法修复。针对这种情况，主播从来不会不懂装懂，而是老老实实地承认手机无法修理，这体现了"世纪威锋"一贯的实事求是的做事态度。观众看到这种态度，反而会感到很放心，更愿意把损坏的手机交给"世纪威锋"去修理。

5."世纪威锋"注重线上线下的联动

（1）"世纪威锋"重视与粉丝的互动，并提供寄修服务。在视频的评论区，有很多粉丝向主播提出关于各种型号手机的各种问题。通过寄修服务，很多粉丝解决了手机的问题，他们往往会在评论区做进一步的回复，形成良性互动。

（2）"世纪威锋"的抖音主页提供手机回收小程序，便于观众使用。"世纪威锋"通过树立实事求是的形象获得了众多粉丝的信任，因此其手机回收的业务量有保证，能给它带来一定的收入。

三、同类账号运营及变现注意事项

手机评测类抖音号的运营注意事项如下。

（1）手机评测类抖音号应当坚守商业底线，赢利但不赚黑心钱，评测但不说违心话。手机等电子产品通常价格较高，使用寿命也较长。很多消费者在购买这类产品之前会参考电子产品评测账号的意见及购买建议。如果这些购买建议受到商业利益的侵蚀，消费者就有可能买到不适合自己的手机，遇到很多不便，这不利于账号建立良好的口碑和获得长远发展。

（2）手机评测类抖音号要将专业性与艺术性有机地结合起来。手机既是批量化生产的工业产品，也是设计与美感相结合的作品。手机评测类抖音号要以评价手机的实用性为主，同时重视手机的设计和美感，如整体外观设计、握持手感等。

手机评测类抖音号带货应注意的事项如图 7-4 所示。

图 7-4　手机评测类抖音号带货应注意的事项

（1）手机评测类抖音号带货时要注重质量。手机评测类抖音号带的货以手机为主，很多账号专门经营二手手机业务。熟悉电子产品的用户都知道，二手手机即使有问题，也很可能不会马上显露出来，而是在使用特定功能的时候暴露出来，这就是所谓的"暗病"。手机评测类抖音号应当为产品设置退换期，以最大限度地保障购买者的权益。同时，为了防止有人恶意退换货，也要建立相应的检测机制，维护自身的正当权益。

（2）手机评测类抖音号可以与手机品牌进行正当的合作。主流的手机品牌数量不多，竞争非常激烈，各个手机品牌都希望手机评测账号为其手机做宣传、打广告，这也是手机评测类抖音号变现的主要方式之一。不过，采用这种方式变现时，手机评测类抖音号一定要保证相关评测内容的客观性。等账号做大之后，手机品牌可能会邀请其主播带货并支付一定的费用，在确定这种合作不会损害账号客观公正形象的前提下，这种变现方式也是可以采用的。

第 8 章

美景旅行赛道抖音号变现经典案例

"山川之美，古来共谈。"追求美是人的天性，自然景色之美可以触发我们内在情感。古往今来，游历名山大川一直是很多人的美好憧憬，即使现实生活十分忙碌，我们也会通过各种方式满足自己对美景的渴望。身处网络时代，我们能够足不出户地观看他人拍摄的美景视频，并深深地陶醉于其中。

8.1 美景分享者：汇集全球美景

一、美景的吸引力——7 个月涨粉 300 万

在抖音平台上的众多细分领域中，美景看似不起眼，一般不会成为焦点，但从播放量、点赞量来看，美景类视频的表现非常好，可谓"低调的胜利者"。观众为了获得在现实中难以获得的旅行体验，在抖音上观看美景类视频，从而满足内心对精彩世界的向往。有需求就有市场，在抖音上搜索关键词"美景"，我们可以发现发布这类内容的优秀账号非常多，本小节将要介绍的"美景分享者"便是其中的典型代表之一。

"美景分享者"在 2020 年 8 月份开通抖音号，并发布了第一个视频。从一开始的粉丝寥寥无几，到每个视频平均获赞量数十万次，7 个月后成功获得 300 多万粉丝，足可证明美景对抖音用户的强大吸引力。截至 2022 年 2 月，"美景分享者"在抖音上拥有 323.4 万粉丝，共发布 200 个视频，获赞 3000 多万次。在个人简介中，"美景分享者"给自己的定位是"世间美景因您关注而精彩""用心制作因您分享而出色"。

相关数据显示，"美景分享者"在近 1 个月内新增 15 万粉丝，获赞 167 万次，传播能力高于同一内容领域 99.1% 的账号，由此可见发布美景类视频的账号拥有很大的发展空间。浏览"美景分享者"发布的作品，我们可以发现视频中的风景仿佛"只应天上有"，我们在外出旅游时恐怕很难见到这般人烟稀少的景色。视频的拍摄视角也相当独特，或是像航拍一样俯瞰大地，或

是来到险要的山脉、洞穴地带，或是捕捉到绚烂无比、瞬息万变的天空画布……总之，视频中呈现的，不是观众来到景区就能够看到的风景，而是大多数人都接触不到的。

"美景分享者"的视频呈现了许多偏远地区的奇山异水，风格各异，时而浓烈，时而壮阔，时而清雅，让观众仿佛置身于云烟袅袅、雾霭迷离的山峰之中，踏入了漫天星辰的冰雪极地，驻足于世外桃源般的温馨小镇，沐浴着摄人心魄的朝霞。所有视频的画面生动而清晰，观众随意暂停，选取一帧画面进行截图，甚至可以当作手机壁纸。这些视频不但给了观众足够强烈的视觉冲击，还配有悠扬婉转的音乐。观众在观看视频时能够获得放松、治愈的感受，其情感诉求得到充分满足。

但仔细观察过后，我们可以发现"美景分享者"的大多数视频运用了后期合成技术——从摄影网站上获取静态的美景照片素材，并使用专业的图像处理软件，添加动态特效，赋予图片生命力，转为动态视频。图片经过专业处理后，变成十几秒的短视频，再配合与风景意境匹配的背景音乐和抖音自带的视频特效，最后就能作为一个合格的作品发布到抖音上。

因此，只要内容创作者具备一定的后期制作能力，或者快速进行系统的学习，就能具备制作、发布美景视频的能力。有关风景名胜的图片素材在各种摄影网站上很多，创作者可以选择视觉冲击力强、对观众最有吸引力的素材。

通过以上思路，不少同类型的账号都在抖音上收获了上百万的粉丝，即便账号发布的内容存在同质化现象。除了"美景分享者"，抖音平台上还有很多优秀的美景类账号，如拥有471万粉丝的"一方净土"、拥有130万粉丝的"Aling治愈馆主"、拥有101万粉丝的"云抖旅游"等。另外，美景类抖音号的运营成本较低，无须投入过多的时间与精力。既然单个账号就能吸引惊人的流量，经验丰富的博主多半会同时运营多个账号，相互引流，更高效地实现流量变现。

二、同类账号运营及变现注意事项

美景类抖音号运营及变现注意事项如图 8-1 所示。

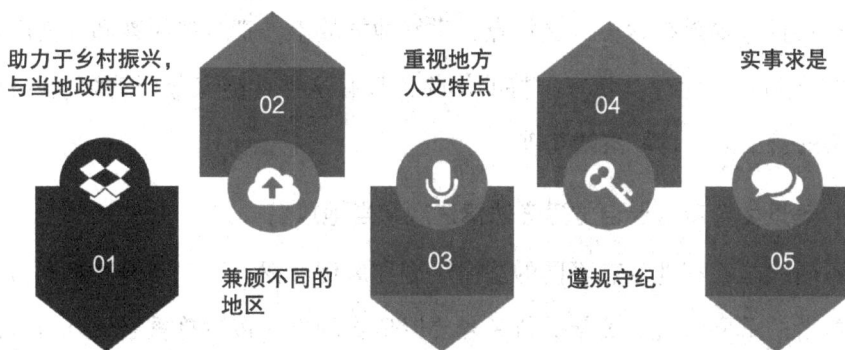

图 8-1　美景类抖音号运营及变现注意事项

1. 美景类抖音账号要助力于乡村振兴，寻求与当地政府合作

美景类抖音号可以进行旅游直播，充分展现乡村的美丽风光和当地农作物的生长条件及种植过程，这是农产品最好的广告。为了助力于乡村振兴战略中的"产业兴旺"，美景类抖音号可以寻求与当地政府合作，宣传当地旅游项目和农产品。

美景类抖音号在大众传播方面拥有优势，可以扩大秀丽风景、名胜古迹、当地特产的宣传范围，在促进地方旅游业、农业发展等方面发挥一定的积极作用，这也是"互联网＋产业"的落地形式之一。

2. 美景类抖音号要尽量兼顾不同的地区

美景类抖音号既可以利用大众对其他国家风景和人文的兴趣，介绍国外的美景，也可以利用我国幅员辽阔、各个地区的风景和习俗各有特点的优势，介绍国内不同地区的美景；既要增进观众对国外地理、人文的认识，也要促进观众对国内其他地区美景、风俗的了解，在一定程度上成为不同地区之间人文交流的桥梁。

3. 美景类抖音号要重视地方人文特点

一望无际的草原、蜿蜒的河流、壮丽的山峰……不同的地理环境造就了不同的文化和习俗，不同地区之间人文特点的差异吸引着人们不断踏上新的旅程。美景类抖音号要重视地方人文特点，讲好地方故事，把自然因素和人文因素有机地结合起来，为观众带来独特的体验，只有这样才能充分调动观众的情感，为后续的营销动作打好情绪基础。

4. 美景类抖音号要自觉遵守法律法规和当地风俗

不同的国家和地区有不同的法律法规和风俗习惯，遵守当地法规和习俗是文明旅游的重要体现。美景类抖音号要以适当的方式传达尊重当地风俗和传统的理念，尤其是在展示国外风景时，要潜移默化地引导大众在旅游时注重行为文明，建立良好形象。

5. 美景类抖音号要坚持实事求是，反对虚假宣传

诚信是美景类抖音号变现时必须遵守的法律和道德要求，账号运营者要坚持实事求是，反对各种形式的虚假宣传，不能为了获取商业利益而损害观众的利益。美景类抖音号只有保持诚实的形象和商业信誉，才能在商业化运营和变现的路上走得更远。

8.2　大亮的旅行：带你游遍全球

一、旅行类抖音号面面观

同样属于美景旅行赛道，上一节介绍的"美景分享者"为我们提供了足不出户的变现思路，而本节将要介绍的"大亮的旅行"则全然不同：博主必须亲自背起行囊，前往那些人迹罕至的荒原或风俗独特的闹市，用镜头记录观众平时接触不到的异域风情。

据相关机构统计，全球有 76% 的网民经常在社交媒体上关注旅行类视频，我国有超过 84% 的网民在抖音等短视频平台上分享旅游内容。由此可见，网民对旅行类视频的需求旺盛，因此大量旅行博主诞生。在抖音上搜索"旅行"等关键字，我们可以看到将近 40 万个结果，累计播放量高达 63 亿次。部分视频来自普通用户的生活记录，但占领巨大流量的当属头部的旅行博主，他们制作旅行 Vlog、旅行攻略、网红打卡地等类型的视频，引导观众构建短视频时代的旅游观念。

观察头部旅行类抖音号，我们发现大多数作品记录了博主的出游经历、见闻，很多博主为粉丝提供了旅游攻略。当然，不同的账号也各有特点，大致可分为四类，如图 8-2 所示。

图 8-2　旅行类抖音号常见种类划分

1. 图文素材类抖音号

这类账号在短视频发展早期比较常见，目前已不占据主流地位。在视频中，博主本人不出镜讲解，也不设置剧情，而是以图文为主要呈现形式，后期添加旁白。在内容上，这类视频主要展示出行路线、游玩攻略、目的地的美食美景，并通常根据旅游景点制作视频合集。

总体而言，图文素材类抖音号的运营难度较低，除了旅行本身，没有太多其他的成本投入，视频制作方法简单易学，并且能保证快速更新。熟练的博主每天能发布五条以上视频，实时记录旅行进展。当然，这类账号的美中不足之处显而易见：博主本人不出镜，缺少鲜明的个人 IP，用户黏性较弱，流量不易转化变现。因此，运营图文素材抖音号难度低、收益也低，致力于旅行视频创作的博主可根据自身情况选择。"坑哥的旅行"等是本领域表现较为出色的账号。

2. 旅行 Vlog 类抖音号

近几年来，Vlog 一直是自媒体领域的热点，成了众多博主吸引流量的载体。这里所说的旅行 Vlog 类抖音号特指博主真人出镜的那些，博主既要展示旅游目的地的美景、美食、娱乐活动，又要介绍旅行中的生活状态、游玩体验、感悟等，让观众感受到博主的表现力与镜头感。因此，与其说旅行 Vlog 是一种视频日记，让观众看到了多彩的大千世界，不如说旅行 Vlog 是观众了解博主生活和思想的一扇窗口。

"大亮的旅行"是热度较高的旅行 Vlog 类抖音号之一。截至 2022 年 2 月，

"大亮的旅行"在抖音上有313万粉丝，仅发布80个作品，就获赞1300余万次。其个人简介是"记录旅行生活，分享精彩世界"。观看"大亮的旅行"所发布的视频，我们会发现其重点是国外游，而且大多是观众不太常去的国度。其账号主页有"非洲之旅""伊拉克之旅""埃及之旅"三个视频合集，以及一些精彩直播片段的回放。"大亮的旅行"在视频中总是身穿标志性的红色上衣，与当地居民打成一片。在标题上，"大亮的旅行"十分擅长为观众制造神秘感，例如，最近发布的一个作品，封面标题写着"探秘原始部落，解密摩西族的生活"，十分吸引用户的眼球。

总之，旅行 Vlog 的核心生命力在于如实记录，并加入博主自己的思考。观众希望看到的是未知领域的人、事、风景及博主的表达方式。旅行 Vlog 十分有利于巩固粉丝对博主的信任，增强用户黏性。但同时，旅行 Vlog 的拍摄与制作门槛较高，博主需要带领拍摄团队亲自出游，进行必要的场景转换。尤其是"大亮的旅行"这类国外游博主，交通出行费用、语言障碍、对当地文化不够了解等问题，都是需要面对和解决的问题。

3. 风景解说类抖音号

创作这类视频内容的博主，不像"大亮的旅行"一样需要在各个国家和景点之间穿梭，一般都长期驻扎在单一旅游目的地，对当地的人文历史、美食美景、时事有深入的了解。利用这些优势，博主对目的地展开详细介绍，真人出镜的呈现方式进一步加强了真实感和沉浸感。有条件的博主还可以采用航拍、全景镜头等多种拍摄方式。对风景解说类抖音号来说，流量是精准的、垂直的，观众都是对此目的地感兴趣的人。同时，常驻同一目的地提供了便利的拍摄条件，博主不用频繁转移场景。当然，风景解说类抖音号也存在相对小众、变现效率低等问题。

4. 目的地导游类抖音号

这类账号与风景解说类抖音号有相似之处，但有更加独特的侧重点：博主会在视频中宣传当地的热门景点、热门打卡地、热门美食，凭借抖音流量和热门话题，打造一个"网红城市"。打造"网红城市"能够推动当地旅游业的发展，因此这类账号也常常获得各种支持。代表性的目的地导游类账号有西安的"兵马俑"、泰国的"水晶晶导游"等。

二、旅行类抖音号的流量变现思路

抖音平台的旅行赛道有很多市场机会，各路博主如何开展运营，才能将爱好与流量结合起来，成功变现呢？"大亮的旅行"能给我们带来哪些启发？

1. 认真考虑作品定位

单条抖音视频需要明确内容重点，整个抖音号也是如此。定位决定着主播的个人 IP、作品的方向，以及后续的一系列运营策略。博主本人在旅行方面的兴趣爱好可以作为定位的依据。同样属于旅行博主，有人赢在深刻的文案，有人以幽默搞笑的风格让观众铭记，有人则用全球旅行过程中的新奇见闻满足观众的好奇心。

对"大亮的旅行"来说，异国旅行是其核心竞争力，埃及的金字塔、印度的奇闻轶事、非洲的原始部落等话题是他区别于竞争者的重要标志。当"大亮的旅行"成功在观众的脑海中打下这些烙印时，变现的途径也就自然地出现了——推广一些旅行产品和服务，在抖音橱窗推荐好物，与相关机构进行商业合作。

2. 了解目标用户需求

变现的第一步是明确定位并生产优质内容，第二步是吸引观众观看，观众手上掌握着旅行博主的流量密码。因此，旅行类博主需要对抖音用户群进行细分，明确自己的目标用户，并以他们为受众，有针对性地创作作品。分析"大亮的旅行"这一账号，我们会发现其观众都有较强的好奇心，具备一定的人文地理知识，喜爱具有探秘、悬疑性质的内容，所以《埃及金字塔是否由外星人建造》之类的视频最符合他们的口味。此外，抓住用户需求，打造爆款视频也很重要，"大亮的旅行"平时发布的某些作品点赞量不高，甚至无法破万，但一条点赞量高达 100 万的置顶作品足以撑起账号的"门面"，让观众信服。

3. 分析自身优势

打造旅行类抖音号毕竟有一定的门槛，因此，并不建议新人博主贸然进入这个领域。不过，以下条件都是加分项，如果博主具备其中的某些条件，不妨踏入旅行类视频这个赛道。

第一，热爱旅行，对旅行怀有浓厚的兴趣，并且有足够的资金作为前期投入；第二，经常外出旅行，或者因为工作需要经常出差、出国，能用视频记录自己的旅行感悟；第三，正在从事旅游行业的工作，例如，正在旅行社任职，或者拥有导游证；第四，自身是一名业余的摄影爱好者，或从事与摄影有关的工作，可以自行拍摄旅途中的美景，或者与其他旅行博主进行商业合作。

8.3 大漠的旅行：分享自驾游技能

一、自驾游成为抖音旅行赛道上的热门之选

在抖音平台上搜索"自驾"等关键词，我们不难发现一系列粉丝上百万的优秀账号，其发布的内容也各有千秋：有的是情侣结伴出游，记录旅行过程中二人之间的互动，如"炮哥自驾游全国""旅行者：小多"等；有的是一人、一车、一帐篷，独自出行，记录自己的见闻，分享旅行攻略，如"50岁阿姨自驾游""大漠的旅行"等；有的记录世界各地的美丽风景、奇闻轶事，如"吴珊的自驾环球旅行""小神仙victory"等。

自驾游已经成为抖音旅行赛道上的热门之选，越来越多的博主都喜欢把自驾游路上的故事和景色拍摄成视频，发布到抖音等短视频平台上。

发布自驾游类视频的好处也是显而易见的。先前的自驾游爱好者，只能孤独地在世界的另一端仰望天空，还要考虑个人财力能否支撑接下来的旅行。如今，运营旅行类自媒体账号能够让他们收获粉丝的关注，与众多的网友互动；同时，粉丝和自媒体平台均能给博主带来一定的收入。

自驾游之所以受到旅行博主的欢迎，还与另一个重要因素有关——自驾游的难度相对低，变现能力强。

二、"大漠的旅行"：凭借自驾游创造财富的教科书

在普通观众看来，抖音等平台是通过观看视频获取新闻和娱乐内容的工具，但内行人都知道，短视频和直播早已成为自驾游爱好者的金矿，能够带来不菲的收入。正是由于看到了自驾游这一细分领域的巨大红利，越来越多的博主加入其中。但是，进入门槛的降低和行业集中度的提高会导致作品内容良莠不齐，同时让行业面临严重的分流问题。

抖音平台上的自驾游领域是一块巨大的蛋糕，不同的内容创作者也在齐心协力地把蛋糕做大，但分蛋糕的人越来越多，每个账号分到的流量可能会减少。因此，只有能够通过作品内容差异化保持自身优势的创作者，在面对激烈的竞争时，才具有更强的适应能力，才能降低被市场淘汰的风险。

"大漠的旅行"这一账号正是凭借较强的差异化能力，通过自驾游类视频实现了持续变现。目前，"大漠的旅行"在抖音上拥有 385 万粉丝，共发布 586 个作品，获赞 3600 多万次。在个人简介中，该账号自己的定位是"努力做一个好玩家"，并留下了个人联系方式，以供其他博主或商家寻求商业合作。通过该账号主页的视频合集，我们可以快速了解"大漠自驾游"的独特吸引力，如"极寒之旅——东北""新疆之旅""大漠的装备库""新疆自驾路线"等。

在视频中，大漠会为观众呈现自己的旅途见闻和体验，如在东北的露营生活、在雨中钓鱼 6 小时的经历，还会分享自己总结的自驾游知识，如装备的选取技巧、房车的购置方法等。作为自驾游领域的头部账号，"大漠的旅行"主要凭借较高的视频播放量变现。此外，大漠偶尔在抖音开直播，粉丝打赏也能带来一部分收入。其他方面的商业合作也能给他带来一定的收入。

三、自驾游类抖音号成功变现的要点

自驾游类抖音号成功变现的要点如图 8-3 所示，下面逐一介绍。

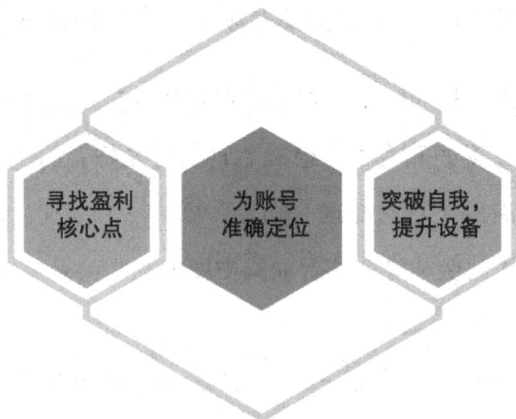

图 8-3　自驾游类抖音号成功变现的要点

1.寻找盈利的核心点

许多新人博主认为，在抖音上进行创业相当于依靠抖音聚集的庞大流量，通过发布视频获得一定的收益。以上思路当然没有问题，但如果仅仅将目光锁定于抖音平台内部的收益，变现的手段就会受到极大的限制。究其原因，进入抖音平台的门槛较低，拍摄、发布视频其实没有太大的难度，人人都能成功地吸引一定的流量，但未必都能形成核心竞争力，收益难以得到保障。

因此，自驾游类抖音号应当借助平台提供的流量，精心打造无法被取代的个人 IP，做流量的掌控者，而非被平台的算法机制所支配。个人 IP 一旦形成，账号就可以将粉丝引流到任何私域平台，进一步变现，实现持续盈利。分析"大漠的旅行"这一案例，我们不难发现，大漠借助抖音平台为自己打造了"专业户外自驾游"的个人 IP，粉丝十分信任他挑选旅行装备的能力。因此，"大漠的旅行"在抖音橱窗推出了自己的户外旅行品牌 SNOWINN，其中标价 1399元的冬季中长款男士羽绒服可谓"镇店之宝"，受到粉丝的一致好评，这才是大漠真正的财富密码。

2.为账号准确定位

目前，大多数运营自驾游类抖音号的博主并没有形成独特的风格，他们在视频中只是漫无目的地出发、赶路、落脚，接着匆匆前往下一个目的地，用镜头不加选择地进行记录。这样的视频内容质量不高，无法对观众产生长久的吸引力，其根本原因在于缺乏运营思维。

首先，细致的规划能力是每个自驾游博主所必备的。自驾游路线规划、各地的特色风景与文化、出行的攻略与注意事项等，都是能够打造个人 IP 并为观众带来价值的内容，应当在视频中重点呈现出来。

其次，自驾游博主还要对目标用户人群进行定位，主要包括两类：一是有计划但尚未亲身体验自驾游的用户，二是对世界各地的美景和文化感兴趣的用户，他们向往自驾游的美好生活，但限于现实条件，暂时无法实现梦想。因此，用专业性较强的内容满足这些用户的需求是获取收益的第一步。不少自驾游类抖音号制作的视频同质化严重，缺乏创意，无法保持用户的黏性。

3. 突破自我，提升硬件设备水平

大多数自驾游博主都与"大漠的旅行"类似，选择在国内旅行。但是国内自驾游对观众来说已经不够新鲜，新手很难快速收获大量的粉丝与流量。一些博主认清了这一趋势，选择将国外自驾游作为自身特色。大多数观众缺乏出国经历，因此对国外的风景、民宿和衣食住行充满了好奇，这样的视频无疑对用户有更大的吸引力。

另外，在设备方面，配置越好的车辆越能吸引用户的关注，尤其是对那些了解自驾游的资深观众来说。如果博主经过一段时期的运营之后，变现能力足以支持更换设备，建议选择配置更加齐全、性能更加出众的越野车或房车，同时全面了解相关的汽车知识，以便在作品中更好地为观众呈现自己的技能。"大漠的旅行"在开始"极寒之旅"之前，就曾经对自己的设备进行升级，用几个视频向观众介绍了自己"喜提特斯拉"的过程和原因。

8.4 成都旅行：“网红城市”垂直类账号

一、“网红城市”何以被抖音构建

近年来，一批热门旅游城市被网友公认为“网红城市”，其在网络上的影响力甚至有赶超北、上、广、深这些一线城市的势头。这些城市大都有着舒适的生活氛围、独具特色的美食美景，被众多游客视为“旅游天堂”。成都、重庆、西安就是其中的典型代表，前两者以口味辛辣的川菜、火锅著称，后者则拥有以兵马俑、大雁塔等景点为核心的大唐文化IP。除了自身确实存在强大吸引力，“网红城市”出现的部分原因是抖音等平台的话语构建，具体原因有以下两点。

第一，与其他宣传形式相比，短视频的优势在于拍摄和制作成本低，发布内容的门槛很低，人人都可以用短视频为自己喜爱的旅游城市做宣传。智能手机与移动网络的普及确保了抖音拥有大量的用户，进而使短视频能够快速、广泛地传播。大数据算法机制让志趣相投的用户自行聚集，旅游目的地城市营销因此变得更加精准，这些都推动了“网红城市”的出现。

第二，用户心理发挥了很大的作用。筹备并完成一次旅游，需要投入足够的时间和精力，拥有充裕的经费，但很多观众不具备这些条件。因此，观众会在抖音上观看短视频，以这种方式满足自己的愿望。用户只需点开抖音，就可以观看其他旅行者发布的短视频，产生足不出户就能随他人去旅行的感觉。另外，不少抖音博主锁定某个“网红城市”作为自己账号的主攻方向，专门发布与该城市游客吃喝玩乐相关的短视频，以精准地抓住目标用户。粉丝的忠诚度通常很高，对这座"网红城市"的浓厚兴趣会促使他们密切跟进博主的最新动态。有了适合的时间和经费之后，他们常常会在自己信任的抖音博主那里购买旅行服务，帮助账号完成流量变现。

"成都旅行"是一个极具代表性的"网红城市"垂直类抖音号，目前在抖音上收获了 110 万粉丝，共发布 287 条与成都景点、民宿、美食有关的作品，共获赞 860 万次。该账号只针对单个城市，也能获得如此出色的数据，足以证明用户对"网红城市"的热情。

浏览"成都旅行"发布的内容，我们会发现这是一个侧重于为游客提供旅游攻略的账号。账号的背景墙显示"周边、跨省怎么玩"，个性签名声称"为你解决各种出游烦恼，吃的、喝的、玩的、住的，帮你玩嗨成都周边"。至于特色服务，"成都旅行"提供前往成都各地的旅行团，随时发车。

二、"成都旅行"的变现方式

"成都旅行"是如何依靠成都这座"网红城市"进行变现的呢？总体来说，"成都旅行"运用了以下两种变现思路。

1. 利用社群

在抖音平台上，用户常常会基于相似的兴趣爱好聚集成群，即通常所说的社群。众所周知，任何群体中的个体都存在一定的从众心理，当群体成员的基数足够大时，个别成员的话语影响力也会被放大。一些专业性强、旅游资源和经验丰富的个体会影响其他个体的决策。尤其是在抖音平台上，大数据和算法机制会精确推送用户感兴趣的内容，当某用户频繁地被同一城市或景点内容"刷屏"时，用户对该城市或景点的游玩欲望会被强化，从而加速做出出游决策。

对于这一心理，"成都旅行"利用得十分巧妙。首先，该账号会在自己发布的作品文案中添加相关话题，如"#成都周末游"、"#旅行大玩家"等，当部分用户在引导之下去过这一景点并发布了相关视频后，社群内的其他用户由于从众心理的影响，也会产生"打卡"的念头。

2. 巧用第三方推荐

对旅行类抖音号来说，赢取观众信任是打开市场的关键，这就需要博主学会运用抖音平台自带的推荐功能。作为聚焦于"网红城市"成都的抖音号，"成都旅行"发布的短视频均属于游客原创，是基于真实的游玩体验拍摄的。因此，"成都旅行"不仅会重点展现各景区的独特魅力，有时也会直接指出需要改善的地方。

为了体现专业性，同时带动用户在评论区积极互动，"成都旅行"只在作品中呈现简短的景区宣传画面，而将重点的旅行路线和攻略放在评论区。例如，在一个置顶作品中，"成都旅行"向用户透露了甘海子景点的旅游产品价格——"门票 20 元，山上的水 10 元一瓶"，并描述了团队成员真实的游玩体验——"我们爬山两个小时，后来遇上暴雨""建议去吃当地的农家饭，民风淳朴且平价"。

"成都旅行"的难能可贵之处还在于，它会把多个门票价位相近的景点串联起来，对比点评每一个，突出各自的优势和不足之处。有意向的观众可以根据自身经济条件和喜好选出自己心目中性价比最高的景区。这样的视频内容不像旅游目的地广告，让观众感受到了更强的实用性。

此外，"成都旅行"在抖音号主页开通了探店推荐功能，共推荐了 109 个景点。随意点开其中一个，我们会发现各种信息应有尽有，包括景区详细地址、开放时间、购票渠道、游客评价等。"成都旅行"通过为景区引流，从各个景区获得推广收入，这也是其变现的重要途径之一。

三、"网红城市"垂直类抖音号的运营及变现要点

"网红城市"垂直类抖音号的运营及变现要点如图 8-4 所示，下面逐一介绍。

图 8-4   "网红城市"垂直类抖音号的运营及变现要点

1. 成立专业的营销团队，提升旅游目的地口碑

在抖音等平台上，用户数量越多，越考验营销团队的专业能力，因为账号发布的消息需要经过众人的检验。营销团队可以借鉴旅游企业的营销手段，效仿热门的旅游目的地 IP 打造方法，从多个角度构建旅游目的地的良好口碑，以便吸引更多用户的关注。其次，营销团队不能闭门造车，必须适应抖音极快的传播速度，密切关注当下的热门旅游话题，同时学习其他"网红城市"垂直类抖音号的营销策略，不断提升自己。

2. 进行深度市场调查，完善营销方式

能力强的营销团队不仅要关注自己能提供什么，还要了解用户需要什么，在不同的营销阶段，对各个细分用户群体展开调查，及时更新用户画像和数据库，进一步实施更有针对性的营销策略。旅游目的地营销绝不是一项"广撒网，多捞鱼"的工作，把握用户特征并明确定位，进行高效率的精准营销，分清哪些用户有助于变现，远远胜过不加选择地投放广告。

3. 挖掘旅游目的地特色，构建城市形象

无论选择哪个城市作为营销对象，营销团队都要挖掘特色旅游资源，构建特色城市形象，为用户制造关键记忆点。营销团队要重点考虑三个方面：第一，旅游目的地有哪些已经被用户熟知或尚未被深入挖掘的要素；第二，旅游目的地的独特性能够在多大程度上吸引用户；第三，面对其他替代选项，即旅游目的地的潜在竞争者，用户是否足够坚定地选择这一城市。所以，旅游目的地城市的形象必须有差异性,它在用户心目中不一定要完美无瑕,但一定不能千篇一律。

4.确保内容真实,寻求用户信任

虽然在抖音平台上发布短视频非常便利,但为提升营销效果进行虚假宣传的行为是不可取的。每个用户在公共平台上都拥有发言权,一旦不真实的内容被用户投诉,账号的口碑就会崩塌,营销团队的努力便前功尽弃。因此,所有作品内容都要基于真实的旅游体验,只有这样才能使账号具备强大的公信力,让旅游目的地的走红不是昙花一现。

第 9 章

泛知识赛道抖音号变现
经典案例

现在，抖音已经不单单是一个娱乐平台，也有一些抖音用户喜欢浏览知识类视频。近来知识类IP在抖音平台上的活跃度日渐增高，很多用户都喜欢利用短短的几分钟时间获取更多的知识，这已经成了一种新的流行趋势。

　　近年来，抖音上的泛知识类视频数量呈爆发式增长，一跃成了用户最欢迎的视频类型之一。目前，泛知识类视频的播放量约占抖音平台视频播放总量的20%，直播场数累计已经超过百万场。其中，关于生活技能类的视频是最受用户欢迎的。此外，一些科普类抖音号也十分活跃。

9.1 正经的知识：冷知识，大流量

一、账号运营背景

冷知识是指那些有些古怪、琐碎、复杂的知识。这些知识要么有点奇怪要么很有趣，但大部分人在日常生活中很少会注意到它们。类似于冷笑话，冷知识对一部分人来说是很有吸引力的。

冷知识不是必备的生活知识，但人们在获取冷知识之后，往往会产生一种恍然大悟的感觉，并且得到很多乐趣。冷知识可以增强人们的洞察力，开阔他们的视野，启发他们的思维，引发他们的求知欲。这也是冷知识类视频在抖音平台上受到欢迎的主要原因。

二、账号运营值得借鉴之处

"正经的知识"是抖音泛知识赛道上冷知识这一细分领域的头部账号。截至2022 年 4 月，该账号的粉丝数高达 152 万，343 个作品获赞超过 3500 万次。

1. "正经的知识"涵盖的内容十分广泛

"正经的知识"涵盖了日常生活中的冷知识及自然、人文、人体等各个领域的冷知识。各类观众都可以从"正经的知识"发布的短视频中找到自己感兴趣的，这有利于该账号扩大观众群体。

2. "正经的知识"以严谨的态度制作内容，传播的知识有价值、有意义

"正经的知识"会在视频中将重要的专业术语标注出来，以便观众理解。例如，在《金枪鱼：嘿嘿，烤鱼来喽》这个视频中，创作者将"横纹肌溶解症"等专有名词用英文标注出来，以便读者进一步查阅相关信息，这充分体现了"正经的知识"严谨的态度。

"正经的知识"传播的知识有价值、有意义，而且通常都具有一定的趣味性。例如，《陕西和山西的译文怎么区分》这个视频介绍的知识虽然稍显冷僻，但可以使观众在遇到相关问题的时候知道应该怎么处理，而且陕西和山西的观众多半会对这个话题很感兴趣。

3. "正经的知识"的视频在视觉风格上有自己的特点

"正经的知识"的视频在视觉风格上具有统一性，这主要体现在视频封面和片头片尾两个方面。

"正经的知识"的视频封面统一采用浅黄色，这是一种不刺眼的颜色。这种颜色既可以充分吸引观众的注意，又不会因为过于刺眼而导致观众流失。视频封面上的文字采用统一的字体，颜色都属于黄色系，看起来非常和谐。视频封面上字号最大的文字简明扼要地说明了视频的主要内容，观众只要看一眼就能立即了解这个视频的主题。

"正经的知识"的视频使用相同或相似的片头和片尾，视觉风格比较统一，辨识度较高，而且有一定的趣味性。

4. "正经的知识"积极参与公益活动

"正经的知识"重视公益，积极地与一些公益账号进行合作，开展公益宣传。例如，在《这么好看的眼睛，别放在镜片后啊！EYE护梦想闪亮未来》这个视频中，"正经的知识"与用眼卫生宣传账号"闪亮护眼行"合作，通过介绍有关保护眼睛的冷知识，传达了"注意用眼卫生，避免损害视力"的主题。

三、同类账号运营及变现注意事项

冷知识类抖音号运营及变现注意事项如图 9-1 所示。

图 9-1　冷知识类抖音号运营及变现注意事项

1.冷知识类抖音号要坚持传播正确的价值观，不能为了流量不择手段

冷知识类抖音号如果不能坚持正确的价值观，就有可能沦为流量的奴隶，走向哗众取宠的歧途，甚至有可能触犯法律。例如，打着生理学冷知识的旗号宣传不适合未成年人观看的内容，这种做法就是不可接受的。有些来自国外的冷知识并不一定适用于国内，因此也不适合向国内观众传播。

2.冷知识类抖音号要坚持科学性与趣味性相结合的原则

冷知识虽"冷"，但本身具备科学性，并不是伪科学。冷知识类抖音号要秉持注重科学性的态度制作内容，实现科学性与趣味性的有机结合，不能一味追求内容的趣味性而忽视科学性，甚至走向一味追求猎奇的歧途。

3.冷知识类抖音号带货时要让观众"猝不及防"

冷知识之所以"冷"，在很大程度上是因为它们超出了大部分人的认知范围，与常识有一定的反差，甚至违反了很多人的直觉。冷知识类抖音号可以借助这种反差感，在观众没有心理预期的情况下突然插入带货环节，让观众感到既意外又惊喜，这种带货方式往往可以获得意料之外的效果，而且不容易让观众产生反感。

9.2 无穷小亮的科普日常：把博物馆讲解搬进抖音

"无穷小亮的科普日常"是目前抖音泛知识赛道上的一个头部账号。通过两个"网络热门生物鉴定"视频，该账号以 7 天内涨粉超过 111 万的惊人战绩，成了超级热门的账号。

"无穷小亮的科普日常"在 2020 年之前的热度相对一般。这是因为该账号以前存在视频垂直度有限的问题。这里所说的视频垂直度是指视频的内容和博主选择的领域具有一致性，通过一定的标签来体现，这一标签应当是一定领域内相似内容的概括和体现，标签本身能够对视频加以定义。同一个账号应当在一个相对较长的时间段内有且只有与该领域一致的内容，定位的人群也相应地具有一定的稳定性。

直到 2020 年 11 月以来，由于"网络热门生物鉴定"视频的影响，该账号迎来了一个快速涨粉的阶段，"网络热门生物鉴定"视频播放量迅速突破千万，新增点赞量超过 500 万。截至 2021 年 11 月，该账号已经拥有将近 2000 万粉丝，获赞过亿次。

一、账号运营值得借鉴之处

1. "无穷小亮的科普日常"的内容体现了趣味性与专业性的有机结合

其内容以专业严肃的生物学知识为基础，选取其中有趣的部分，以幽默诙谐的语言向用户介绍生物知识。尤其是对一些奇特生物的鉴定，很好地满足了大量观众的好奇心。

"无穷小亮的科普日常"能够体现出极强的专业性，与其运营者张辰亮拥有极高的生物学学科专业素养是分不开的。张辰亮是毕业于中国农业大学昆虫学专业的硕士，是《博物》杂志副主编、《中国国家地理》融媒体中心主任、中国科普作家协会生态专委会委员、北京市科学普及创作协会第八届理事。由于他在科普方面的突出贡献，2017 年中国科协将他评为十大科学传播人物。

张辰亮还有丰富的微博运营经验。微博账号"博物杂志"在他的运营下，不仅发布生物学科普知识，而且解答网友提出的各种各样的问题。在微博上，张辰亮被网友亲切地称为"博物君"。其微博运营经验为其抖音号的走红提供了基础。

"无穷小亮的科普日常"的内容以"网络热门生物鉴定"系列视频为代表，在这个固定的主题中，"无穷小亮"对网络上各种奇奇怪怪的生物进行了鉴别及辟谣。截至 2021 年 11 月，"网络热门生物鉴定"系列视频的播放量已经达到12.8 亿次。

"无穷小亮的科普日常"将专业性、趣味性与人文性相统一，注重辟谣和科普，呼吁观众相信科学、尊重科学，不信谣、不传谣。该账号还倡导爱护环境，保护动植物，尊重大自然，实现人与自然的和谐。这是其人文性的重要体现。

2. "无穷小亮的科普日常"的绝大多数短视频采用的模式是素材混剪加上人声讲解，再加上字幕作为辅助

对科普类抖音号来说，真人出镜不是必备因素。这种模式减少了人物本身对视频内容的干扰，有利于让观众把注意力集中在内容本身而不是主播的外貌上。

将重点集中于素材混剪，注重传达科学知识，而非一味地靠出色的外形和幽默去吸引观众，是一个科普类博主的必备素质。"无穷小亮的科普日常"集中表现的是生物本身的特点，也涉及一些自然风光等生物的生存环境，很少进行

搞笑。

人声讲解是科普类抖音号运营不可或缺的元素之一。人声讲解使整个视频内容丰富而具体，提高了视频的完整性。人声讲解还有利于拉近博主和观众之间的距离，让观众产生亲切感，进而增强用户黏性。人声具有较强的辨识度，有利于打造账号的独特风格。

人声讲解可以分为多种方式，不同种类的视频适用的讲解形式也有所差异。

首先是主播本人进行讲解。主播本人看着提前写好的解说词，在视频的基础上，加以改良和适应，使语言与视频内容本身相适应。“无穷小亮的科普日常”的讲解清晰明确，主播的普通话水平较高，便于观众理解。

其次是利用电子配音，如语音包等。语音包不受主播本人普通话水平和语速的限制，具有一定的趣味性，操作起来简单方便。但是，语音包本身的趣味性往往会盖过科普类视频内容本身，其以方言为主的特点不利于解释专有名词，容易对观众产生不良影响。语音包是开放性的资源，过度使用语音包不利于形成主播自身的特色，观众会对千篇一律的语音包产生厌烦心理，再幽默诙谐的语言都不能降低这一负面影响。

因此，在人声讲解的问题上，主播应当把自己的声音与语音包相结合，将二者有机地结合起来。对于专有名词，应当用普通话进行解释，以免显得不严谨。同时，主播应当提高自身的普通话水平，以规范的语言和严谨的态度制作视频。

字幕可以发挥一定的辅助作用，尤其是对专有名词进行解释时。科普类视频离不开专有名词，专有名词可以向观众传达准确的概念，增强视频的专业性和知识性，是传递知识必不可少的元素。但是，专有名词通常晦涩难懂，部分专有名词还需要附上拉丁文或英文解释。为了避免因观众不了解专有名词而影响其观看体现，字幕需要发挥辅助作用。例如，“无穷小亮的科普日常”对笄蛭涡虫这种生物进行讲解时，就将该生物的名称以字幕的形式加以体现，以避免观众搞不清楚生物学概念。

二、同类账号运营注意事项

科普类抖音号运营注意事项如图 9-2 所示，下面逐一介绍。

专业性　　　　互动性

热点性　　　　严谨性

图 9-2　科普类抖音账号运营注意事项

1.科普类抖音号需要体现专业性

科普类抖音号的价值是向观众传播有用的科普知识，内容越真实可信，账号涨粉的速度就越快。"无穷小亮的科普日常"在账号主页展现了博主极强的专业背景，通过罗列博主已获得的头衔和荣誉，认证博主的毕业院校等方式，体现了账号的专业性。获得官方认证是体现专业性的一种重要手段，大大提高了账号的权威性。

2.科普类抖音号要与粉丝良性互动

"无穷小亮的科普日常"的"网络热门生物鉴定"系列视频绝大多数源于网友的提问。与网友进行良性互动是该账号获得较高人气的重要原因之一。该账号直接在评论区回复网友，有时会"爆梗"，这也是增强用户黏性的重要方式。

3.科普类抖音号要紧跟当下的自然现象热点

自然现象热点通常与观众的生活密切相关，有时观众对这类现象有亲身体验，相对而言对此类问题的兴趣就会增强。当该类自然现象再次出现时，观众会想到科普视频中的内容，对科普账号的喜爱程度随之增加，用户黏性也就随之增强了。观众会再次观看相关视频，并有可能向其他也经历了该自然现象的人进行传播，这不仅有利于提高视频播放量，也扩展了潜在的用户群体，促进了自传播。

4. 科普类抖音号离不开严谨的科学态度

科普账号是大众了解科学知识的重要窗口，不科学、不合理的科普传播会让大众形成错误认知，造成谬误。因此，科普类抖音号要兼顾经济效益与社会效益，以严谨的态度制作视频。

9.3 记忆图书馆：书摘金句同样天地广阔

"记忆图书馆"是目前抖音泛知识赛道上比较热门的一个账号，其主要内容包括文学名句摘录介绍和经典电影台词选读欣赏。该账号自 2021 年 10 月创立至今，已有 41 万的粉丝，获赞超过 500 万次。其视频合集"作家们的神仙比喻""那些惊艳了我们的小说开头""电影中的神级台词"的播放量均突破了1000 万。

"记忆图书馆"以文学摘录为主的特点顺应了民众对文学兴趣浓厚的社会氛围。民众的精神需求十分旺盛，文学作为常见的艺术形式，自然获得了大量的关注。

一、账号运营值得借鉴之处

1. "记忆图书馆"的内容集中于名家名作的金句摘录，门槛较低

目前，我国民众普遍希望提升科学文化素养，但直接阅读名家名作对一部分人来说存在一定的困难。文学摘录与基础教育中的读书笔记具有形式上的相似之处，能满足受教育程度有限的成年观众的需求，为其了解文学作品提供便利。此外，文学摘录与学校教材形式上的相似性和内容上的互补性也提高了处于基础教育阶段的未成年观众的关注度。

2. "记忆图书馆"聚焦于观众感兴趣的话题和内容，具有极强的针对性

面对民众普遍需要满足精神需求的现状，该账号将重点放在关注度较高的

情感类词汇上，如"救赎""回忆""再见"等观众在日常生活中经常体验的情感，不仅体现了文学作品的人文关怀，而且精准地抓住了观众的情感需求。

面对以中青年人为主的观众，该账号还将"爱情"置于重要地位。例如，视频合集"作家们的告白情话"的播放量为480余万次。该账号将"爱情"话题分为"暗恋""爱情警告""告白""婚姻"等不同细类，精准定位处于不同感情状态的人群，兼顾覆盖面和精准投放，有利于在"广撒网"的同时进行外科手术式的精准推送，使用户感受到这才是真正能理解其需求的账号，不断增强用户黏性。

"记忆图书馆"的话题具有一定的时效性。例如，2021年10月，该账号发布了视频《作家们笔下的"冬天"》，与秋末冬初的时间相吻合。视频中的文字大部分与雪景相关，能够呼应绝大多数观众对雪的喜爱，与网络近年来的热点"某年的第一场雪"相呼应。冬天下雪的时候，观众很有可能会联想到本视频。与"某年的第一场雪"相关的朋友圈也有可能包含本视频摘录的句子。当观众再次观看本视频的时候，视频的传播量会有一个大的飞跃。

3. "记忆图书馆"的视频具有极强的艺术性，无论是内容还是封面，都给人以和谐的美感

首先，时间安排合理。绝大多数视频的时长都不超过1分钟，介绍的文学作品不多于5部。每一部文学作品的句子摘录大约占用10秒钟左右的时间，字数不超过300字。这与普通人的阅读速度是相匹配的，没有阅读难度。

其次，视频表现形式精巧。绝大多数视频以白色为底色，文字以深色调为主，将金句摘录和作者照片放在一张图片上。这种颜色运用提高了文字的辨识度，减少了其他元素的干扰，能让观众把注意力集中在文字上。

此外，视频封面具有一定的设计美感。其视频封面以黄色字体加上作家照片为主，配色合理，符合传统的审美。文学艺术是美的一种，将封面的美感表现出来，有利于体现文学类视频本身的内容美和封面排版的形式美相统一的特

性，给人以全方位的美的享受，提高账号的辨识度。

二、同类账号运营注意事项

文学类抖音号的运营注意事项如图 9-3 所示，下面逐一介绍。

图 9-3　文学类抖音账号的运营要点

1. 文学类抖音号要"接地气"

文学不能高居庙堂，而要在观众的生活中扮演一定的角色。文学类抖音号要善于听取观众的想法，在评论区与观众加强互动，以了解观众的真实需求。也许这些想法有俗套之处，但俗套的东西一般都是真正能反映观众需要的东西。

2. 文学类抖音号要遵循古今结合、中外并存的准则

对于传统文化和外国文化，要坚持古为今用、洋为中用的原则，取其精华，去其糟粕，利用其中优秀、合理的部分。

3. 文学类抖音号要体现人文性，传播正能量，弘扬社会主义核心价值观

直击社会热点问题的视频要大声呼吁观众遵守社会公序良俗，使其行为符合正确的价值观。

9.4　四平警事：严肃活泼的普法宣传

一、账号运营背景

现在，互联网为政府与民众搭建了便捷的沟通桥梁，很多政府机构、官方媒体顺应时代发展潮流，改变了原先的宣传方式，大力拥抱新媒体。它们在新媒体平台上开设的账号不仅善于抓社会热点，而且通过形式多样的互动极大地拉近了自身与民众的距离。

以抖音为代表的短视频平台是大众传播平台，也可以成为政府机构和官方媒体重要的宣传阵地。很多政府部门非常重视通过抖音短视频宣传相关政策、法规、精神，这也是"互联网＋政务"的重要落地形式之一。

二、账号运营值得借鉴之处

"四平警事"是四平市公安局官方抖音号，截至 2022 年 4 月，该账号已发布视频 200 多个，粉丝数超过 1750 万，获赞超过 1.5 亿次。2019 年，该账号多次夺得政务类账号影响力排行榜第一名。在抖音平台上，"四平警事"既是一个政务号，也是在泛知识赛道上尤其是普法这个细分领域的头部账号之一。

1."四平警事"的素材具有真实性

"四平警事"受到四平市公安局的高度重视和大力支持。"四平警事"的视频有很多镜头是在公安机关内部取景的，还有真正的民警出现在视频中。"四平警事"的团队基于真实案件进行创作，充分体现了警方工作和普法工作的严谨性，这也是该账号最大的特点和优势。警匪之间的善恶对立所形成的冲突对观众有强烈的吸引力。

2. "四平警事"紧抓社会热点

"四平警事"非常善于抓热点。例如，针对国家安全教育日这一热点，该账号发布了视频《警事更新，欢迎围观！粮食安全，国家安全！话说大家知道那个国家是哪国吗》，该视频将重点放在我国的粮食安全上，以幽默的形式向观众介绍了粮食安全也是国家安全的重要组成部分。再如，针对四平市支援长春市抗击疫情的热点，该账号发布了视频《别问，问就是500多人，干就完了》，该视频以十分接地气的标题吸引观众，让观众在感受到幽默的同时也增强了战胜疫情的信心。

3. "四平警事"的演员有鲜明的特点

"四平警事"的三位主要演员是扮演警察的董政及扮演笨贼的张浩和吴尔渥，他们都有鲜明的特点。正直风趣的警察董政，霸气有余、底气不足的张浩，附庸风雅却爱叛变的吴尔渥，三个角色共同体现了该账号鲜明的地域特点，也让该账号具有极高的辨识度。

4. "四平警事"的更新频率高，注重与粉丝的互动

"四平警事"背后有四平市公安局的大力支持，其创作团队很容易获得大量的高质量素材，这是其天然优势。高频率更新让"四平警事"始终保持较高的热度。

"四平警事"的视频趣味性较强，大量观众在视频评论区留言或与该账号互动。针对观众的意见和建议，该账号积极回复，其中很多都是非常有针对性的趣味回复。这进一步活跃了互动氛围，帮助账号吸引了更多的潜在观众。

5. "四平警事"的语言风趣幽默但不低俗

"四平警事"从不为了搞笑而搞笑，在风趣语言的背后是严肃的法律法规。四平市位于吉林省，属于我国的东北地区。该账号充分利用东北方言风趣幽默的特点，让作品中的角色采用与广大观众认知相符的东北人对话模式，既通过语言艺术传达了幽默感，又通过法律内核表达了严肃的主题。

三、普法类账号运营及"带货"注意事项

普法类账号运营及"带货"注意事项如图 9-4 所示。

坚持内核的严肃性

侧重于法律相关图书

与观众良性互动

图 9-4 普法类抖音号运营及"带货"注意事项

普法类账号具有特殊性，这类账号中的很大一部分是政务号，并不谋求变现，即便偶尔"带货"，也主要是出于公益的目的。

1. 普法类抖音号要坚持内核的严肃性

普法类抖音号要坚持维护法律权威，以准确的法律条文为依据，结合一些有趣的事例，以幽默风趣的语言开展宣传。这类账号在制作内容时应当注意内容趣味性和法律严肃性的有机结合，不能为了追求趣味性而丧失自身内核的严肃性。

2. 普法类抖音号可以把"带货"的重点放在与法律法规相关的图书上

这类账号具有极高的社会公信力，观众非常信任其推荐的物品。不过，受限于账号自身的性质，这类账号不可能为了谋求变现而推荐与法律法规无关的普通商品，因此，与法律法规相关的图书就成了"带货"时的首选。

3. 普法类抖音号要坚持与观众良性互动

普法类抖音号往往背靠政府机构，代表着政府的形象，因此必须与观众良性互动，在评论区积极回复观众提出的问题，虚心接受观众提出的建议甚至批评。

第 10 章

直播电商赛道抖音号变现经典案例

在众多的抖音变现模式中，直播是互动性和实时性最强的一种。粉丝在直播间的打赏能够快速让主播获得收益。直播内容五花八门，带货直播无疑是近几年来的热门赛道之一。从各大电商平台自己培养的头部主播，到引爆话题的知名企业家，再到人们耳熟能详的娱乐明星，各行各业的人都开始尝试带货直播，并享受了巨大的行业红利，完成了快速变现。

10.1 罗永浩：为还债而带货的罗老师

一、罗永浩为什么选择带货直播

大多数抖音用户认识罗永浩都是因为带货直播，但他做直播其实是为了还清自己欠下的债务。罗永浩花了多年时间打造锤子手机这一品牌，但结果很不理想，同时欠下了数亿元的巨额债务。为了挽救锤子手机，他不断进行各种尝试，进军各个领域，包括电子产品、社交平台等，但均以失败而告终。

2020 年 3 月 19 日，罗永浩在微博上发布了一条重要消息，说他"决定做电商直播了"，并且自信地宣称"虽然我不适合卖口红，但相信能在很多产品的品类里做到带货一哥"。这条微博是罗永浩正式进军电商的宣言。后来，各家平台争相表示希望与罗永浩签约。最终，抖音平台以 6000 万元成功与罗永浩签约。紧接着，他向公众宣布"中国第一代网红将在抖音示范直播带货"，他给自己的定位是"不赚钱，交个朋友"。

一切顺理成章，短短数十天后的 4 月 2 日，罗永浩在抖音上完成了自己的第一场带货直播，创造了 1.1 亿元的成交额。当天，他成为媒体上的焦点人物，在抖音用户中收获了前所未有的热度。惊人的带货成绩与罗永浩本人的魅力密不可分。他创业失败、不断走向新赛道的故事，与抖音平台的巨大流量一结合起来，他在带货方面的优势便立刻显现出来。

二、罗永浩做带货直播的优势

罗永浩在带货直播上的成功虽不可复制，但仍有一些地方值得普通主播借鉴。他的优势主要来自以下两个方面。

1. 鲜明的个人 IP

罗永浩可谓自带热度，但这并不是凭空而来的，而是与他多年来的社会角色变化、创业沉浮有关。虽然这些年来罗永浩的生意没做好，但他凭借个人影响力收获了一大批忠实的拥趸。事实上，自成名以来，罗永浩一直致力于打造鲜明的个人 IP，即使有些部分是无意为之，但多年来的"奋斗史"为他的个人 IP 增加了生动的注脚。早在 2014 年，罗永浩就曾进行《一个理想主义者的创业故事》系列演讲，粉丝认为他是不像商人的商人，是一个充满情怀的理想主义者。现在回过头看罗永浩进军直播领域的过程，他对个人 IP 的打造从未停止，尤其是他的那句口头禅——"不赚钱，交个朋友"成了其个人 IP 的鲜明代表。

2. 选择独特的品类和受众

在罗永浩进军直播领域时，业内的竞争压力是不言自明的：淘宝已有李佳琦等头部主播坐镇，初入抖音的罗永浩没有什么直播经验；同时，这一举动又在万众瞩目之下进行，一旦首次直播失败，难以想象他将如何收场。

好在罗永浩有出色的商业头脑，他深知选品应当避开最热门的品类。罗永浩带货的商品，主要涵盖五个品类，分别对应五个消费群体。第一类是数码产品，客单价高，最能抓住数码发烧友的心。这些发烧友非常追捧新品，只要数码品牌推出新品，他们就会赶在第一时间尝鲜，确保自己手中的数码产品是最新款的。第二类是图书，品种多，每本书都来自不同的出版社，有不同的内容和封面，可供各类消费者选择，买书相当于知识付费，因此卖书完美地覆盖了喜爱阅读的群体。第三类是文创产品，特点是精美但溢价较高，注重文化内涵或喜欢收藏的消费者会对这类商品感兴趣。第四类是食品和日用百货，这是大多数带货主播都会涉及的品类。第五类是家居产品，不仅具备实用功能，还有一定的设计感，能够满足部分消费者对高品质生活的追求。

抖音平台的流量与罗永浩本人自带的流量、鲜明的个人 IP、清晰的选品策略和受众、抖音平台的大力支持、舆论的持续发酵……种种因素共同促成了罗永浩的成功。

三、罗永浩直播变现的启发

罗永浩直播变现的启发主要有三点，如图 10-1 所示。

图 10-1　罗永浩直播变现的启发

1. 将直播作为敲门砖，创办企业

大多数观众看到了罗永浩做主播的巨大成功，但没有意识到带货直播只是他东山再起的第一步。交个朋友科技有限公司的创办才是他迎来转机的关键一步。带货直播是该公司的主营业务，但仅仅依靠销售商品的收益，还不足以让罗永浩快速还清债务，他需要更高效的变现手段，那便是出售公司股权。带货直播虽然是不错的敲门砖，但不能作为长远之计。罗永浩深刻认识到这一点，巧妙地运用策略，一方面将带货直播作为进一步提升自身影响力的手段，另一方面利用个人IP，通过企业创造更大的商业价值。罗永浩作为带货主播的个人IP已经深入人心，他的公司的估值也不断上涨，出售公司股权让罗永浩获得了更多的现金流，让他把进入直播领域以来积累的流量快速变现。

2. 培育私域流量，用个人影响力变现

作为一名企业家，罗永浩虽然创业屡遭失败，但创业期间积累下的资源并没有流失。进军直播界这一举动使他进一步扩大了自己的影响力。当然，罗永浩不仅拥有影响力和知名度，还拥有私域流量，这才是他变现能力强大的根本原因。

私域流量的特性可以总结为"AIE"：第一是可触达性（Accessibility），营销者可以自由接触、获取这些流量，无须额外引流；第二是IP化的聚集方式，营销者通过有影响力的个人IP实现对用户的吸引，营销者不仅要为用户提供实际服务，还要展现个性，与用户深度交流；第三是耐受性（Endurance），即私域流量的稳固性很强，不会轻易流失。

罗永浩并不是一位轻易就取得成功的企业家，他创业失败的经历更符合普通人的现实，大众的共鸣使他积累了宝贵的私域流量，使其变现能力更胜他人一筹。

3. 注重产品

其他主播要想获得和罗永浩一样的成功，除了要紧跟时代潮流，还要形成自己的核心竞争力。无论将目光聚焦于短视频还是带货直播，产品都是帮助主播获得收益的最佳武器。产品是连接主播与消费者的桥梁，主播在带货之前一定要思考一条适合自己的发展之路，明确产品定位、货源渠道等。

像罗永浩这样的企业家及其他当红主播和明星拥有流量优势，可以凭借自身影响力为商家或品牌打开市场，不必为货源发愁，获得收益也比较容易。但是，普通主播不具备这样的条件，因此在带货前必须确保产品来源，牢牢控制成本。

10.2　韩国媳妇大璐璐：抖音十佳好物推荐官

一、与罗永浩平分秋色的带货主播——韩国媳妇大璐璐

2020 年，受新冠疫情的影响，带货直播成为最受公众关注的热门行业，抖音平台上的不少优秀主播都在这一时期证明了自己的实力。2020 年 10 月份，抖音发布了美妆营销数据，带货主播"韩国媳妇大璐璐"荣获雪花秀等韩国美妆品牌的销量冠军。在同年"双十一"购物节期间，抖音公布了一份带货达人榜单，"韩国媳妇大璐璐"再次榜上有名，以 5000 多万元的销售额名列第八。

作为一位几度蝉联抖音直播带货排行榜榜首的主播，"韩国媳妇大璐璐"成为抖音十佳好物推荐官绝非偶然，大璐璐的带货能力有目共睹。从抖音主播的分类来看，大璐璐大致处于腰部上游的位置；但是从带货数据来看，她完全不输给头部主播。在 2020 年 4 月左右，罗永浩加入抖音并开始做带货直播，一度成为全网关注的热点话题。但是，根据当时的直播数据，"韩国媳妇大璐璐"成功跻身直播达人榜单第五名，而罗永浩位列第十四名。而且，双方粉丝数量悬殊，"韩国媳妇大璐璐"的粉丝只有罗永浩的一半。

目前，"韩国媳妇大璐璐"在抖音上拥有 823 万粉丝，共获赞 1.9 亿次，是抖音官方认证的电商好物推荐官。对于带货主播这份职业，大璐璐十分上心。查看其账号主页的直播动态，我们可以发现，2021 年大璐璐共做了上百场直播，马不停蹄地带货。

二、"韩国媳妇大璐璐"的运营策略

1. 用短视频抓住粉丝的心

抖音的用户群体庞大而复杂,其中,中老年用户是重要的组成部分,所以关于家庭关系的视频更容易成为热点。大璐璐抓住抖音用户的这种心理,通过短视频记录婆媳日常生活,并借此成功"出圈"。大璐璐是远嫁韩国的中国人,两种文化背景之下的家庭成员生活在同一屋檐下,看点十足,因此非常容易吸引粉丝关注。

后来,大璐璐不满足于单一类型的内容,开始向其他领域扩展。她先后尝试了幽默搞笑、美食、母婴等方面的内容,当这些多元化的要素被成功融入短视频后,"韩国媳妇大璐璐"账号的整体性变得更强了,看点也丰富起来,粉丝变得更多了,有利于进一步吸引流量。

当然,这也为她后来的带货直播奠定了基础。多元化的短视频内容与各个商品门类相对应,覆盖了不同的领域。由于大璐璐之前有过丰富的韩国美妆代购经验,因此,进入直播赛道后,她对美妆产品的深入了解成了一项显著优势。

2. 打造独特的个人风格,避免同质化

带货主播的专业能力十分重要,但独特的个人风格也是不可或缺的,不少消费者会因为记住某个主播而购买其推荐的商品。在账号运营过程中,大璐璐的个人风格是一以贯之的。最初开设抖音号时,"韩国媳妇大璐璐"的视频内容偏向于美食方面,主要展示大璐璐婆婆制作的韩国料理。后来,大璐璐意识到美食内容过于单一,便开始拍摄日常生活的有趣片段,展示家庭关系,尤其是婆媳二人和谐、有趣的互动。为了突出视频的故事性,大璐璐将镜头对准了自己的老公。在她发布的作品中,婆婆对儿媳妇十分宠爱,对亲儿子却表露出"嫌弃",这种"区别对待"呈现出的反差感是粉丝最感兴趣的部分,尤其吸引25 ~ 35岁的女性群体。不光是大璐璐自己,她所有的家庭成员都有自己的个

性和风格，他们的日常生活仿佛一部电视连续剧。

事实上，展现异国生活和家庭成员的内容在抖音上天然地更受欢迎，因为抖音用户对陌生的生活方式充满了好奇。积累了足够的粉丝之后，博主可以将异国生活与该国商品结合起来，忠诚度高的粉丝必然会乐意购买。

由于这种可复制性，抖音上存在不少与"韩国媳妇大璐璐"类似的账号，其发布的内容大同小异。但是，大璐璐的独特风格使她脱离了同质化竞争，得以脱颖而出。

3. 借助韩国明星名气，设置多种直播间福利

大璐璐多年经营韩妆代购业务，可触及多个韩妆品牌供应链。成为美妆产品带货主播后，她在韩妆这一垂直领域深入挖掘，对粉丝来说拥有很强的说服力和公信力。大璐璐还在短视频中与粉丝喜爱的韩国明星合作，进一步为自己的直播间吸引流量。作为品牌嘉宾，这些明星既完成了品牌方委托的宣传任务，又提高了直播间热度。

大璐璐在自己的直播间经常推出各种福利活动，将其作为增强粉丝黏性的重要手段。福利主要有福袋抽奖活动和低价产品秒杀两种形式。观众只要加入大璐璐的粉丝团，就能获得福袋抽奖的资格。福袋里的化妆品、手机、品牌电器等产品对观众的吸引力很强，参加福袋抽奖的观众都会积极地发表评论，这能有效地帮助大璐璐活跃直播间气氛，扩大私域流量。另一种福利是低价产品秒杀，限量销售的商品能够最大限度地调动粉丝的积极性，带动直播间的消费氛围，提升重点产品的销量。一旦成交订单数和成交额提升，大璐璐从品牌方收到的佣金就会增加。

三、"韩国媳妇大璐璐"的变现秘诀

"韩国媳妇大璐璐"的变现秘诀如图 10-2 所示，下面逐一分析。

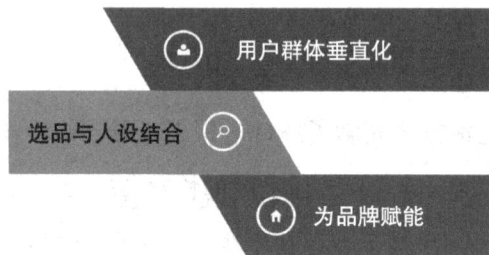

图10-2 "韩国媳妇大璐璐"的变现秘诀

1. 用户群体垂直化

"韩国媳妇大璐璐"发布的短视频的内容侧重点是家庭日常生活,虽然该账号在运营过程中不断增添新要素,但目标用户群体始终没有发生本质改变。"韩国媳妇大璐璐"账号的用户画像显示,在性别方面,女性粉丝占85%;在年龄方面,26～39岁的人占多数;在身份与职业方面,职场女性、家庭妇女和年轻母亲占多数。这些用户的消费能力极强,大璐璐推荐的美妆产品、母婴用品、生活用品可以满足她们的需求,基本上不用担心销路。

2. 选品与人设相结合

大璐璐的"韩国媳妇"形象通过视频的广泛传播变得深入人心。在选品方面,她也力求商品特性与这一形象贴近。从大璐璐最具代表性的直播安排来看,韩国美妆产品仍是重点,其他商品更多地发挥衬托与辅助作用。商品的客单价不高,大致为50～150元,在整个直播行业中处于中等水平,与目标用户群体的消费水平相符。由于大璐璐拥有供货渠道,她对货品的调动能力也很强,除了在抖音店铺推荐相关产品,还能帮助品牌把流量引到其他购物平台,完成流量变现。

3. 为品牌赋能

经常在"韩国媳妇大璐璐"直播间购物的观众会发现,大璐璐推荐的很多韩国品牌知名度不算高,相对小众。例如,在2020年6月,大璐璐为韩国面膜品牌 JMsolution（肌司研）带货，大部分消费者对这一品牌都很陌生，但后来得知该品牌是比较可靠的，产品价格也相对适中，认为可以试一下。此后，越来越多的国内消费者开始使用这一品牌。可见，大璐璐的直播在提升品牌知名度方面还是很有效果的，大璐璐和品牌方实现了双赢。大璐璐不仅从品牌方获得了推广佣金，而且通过与相对小众但性价比高、质量有保障的品牌合作增强了个人特色。

10.3 俞敏洪：归零再出发的俞校长

一、俞敏洪的抖音带货直播成绩单

2021 年 12 月 28 日，新东方的官方带货账号"东方甄选"在抖音开播，新东方创始人俞敏洪亲自上阵担任主播，并将这场直播作为助农事业的一部分。"各位亲爱的粉丝朋友好，我是俞敏洪，今天我是来卖农产品的。"俞敏洪低调出镜，亲切地向观众表明自己的来意。粉丝热烈响应，仅开播 1 分钟，直播间人数飙升到 2 万多。

在首场直播中，俞敏洪向观众介绍了"东方甄选"——来自新东方，致力于农产品带货直播。直播间总共上架了几十种农产品，包括生鲜水果、粮油、米面等。经过俞敏洪的介绍，它们纷纷被消费者加入购物车，变成一个个成交订单。俞敏洪表示，今后自己将时常来到"东方甄选"做直播，既为农产品销售助力，也为自己的企业新东方谋求转型。由于出身于教育行业，俞敏洪在介绍农产品时也流露出浓厚的"知识味儿"，除了介绍农产品卖点，还不忘普及各种地理知识，令不少观众耳目一新。

在带货成绩方面，俞敏洪虽然不是专业主播，但仍展现了强大的实力。根据"东方甄选"后台统计，仅开播 10 分钟，俞敏洪还未正式开始介绍产品，狂热的粉丝就通过购物车自行购物，成交额已超过 10 万元。俞敏洪的首次直播长达 3 个小时，共收获了 184 万的累积观看人次。其中，高峰时刻共有 3.3 万人同时观看。本场直播，俞敏洪共销售农产品 5.7 万件，共创造了 484.1 万元的销售额。据粗略统计，"俞敏洪"和"东方甄选"两个直播间的成交额在 500 万元以上。对相对冷门的农产品这一品类来说，这个带货成绩十分出色，与头部带货主播相比毫不逊色。有些观众表示相当佩服"打不垮的俞老师"摸清了各种创业门路；也有观众则认为，与罗永浩在抖音的带货直播首秀相比，俞敏洪的成绩泯然众人，略显平常。毕竟，罗永浩收获了 4800 万人次的累计观看量，销售额高达 1.1 亿元，给后来者制造了巨大的压力。

二、知识型的带货直播风格

俞敏洪带领新东方从教育行业转向带货直播领域，这无疑是一个新闻。但在"东方甄选"的首场直播中，更吸引观众的不是新东方的转型，不是直播间的农产品，而是作为主播的俞敏洪本人。此次，直播间共上架 30 多种农产品，有稻花香大米、平石头高山苹果、山茶油、丹东草莓等，购买链接都有"东方甄选"的前缀。

然而，对俞敏洪来说，每一件农产品都伴随着很多人文地理知识，都可以讲一堂课。直播间的评论区纷纷表示"支持俞老师"，这让新手主播俞敏洪的状态更加从容了。为了让观众全方位地了解每一种农产品，俞敏洪亲自品尝来自各地的水果，并讲述与农产品有关的地理知识、人文典故等。他拿出开播前准备好的简易地图，娓娓道来，观众甚至忘记了自己进入的是直播间，而不是地理课堂。

例如，在介绍一款藜麦时，俞敏洪详细地为粉丝介绍藜麦产自甘肃肃南，那里有怎样的气候和土地，种植它们的裕固族有怎样的历史故事。

不少网友热情地称赞俞敏洪采用的是"文化人"的带货方式，让直播间"有内涵、不喧闹"。与观众见惯的其他直播风格相比，俞敏洪的直播方式的确新颖，没有低价秒杀的口号，也没有过度营销的噱头，亲切但底蕴丰厚的带货风格刷新了网友的认知。俞敏洪在后来的采访中表示，"东方甄选"未来会成为新东方老师们展现知识与文化的重要平台。卖货是手段，直播是表现形式，创造独具特色的直播风格，让观众同时收获"好吃"与"好玩"才是他们的最终追求。

虽然俞敏洪的首场直播好评如潮，但观众对带货风格的偏好不同，也有一些批评的声音。一些资深的直播间消费者表示，俞敏洪态度真诚，但直播风格过于平淡，从带货角度来看，激发观众消费欲望的作用并不强。可见，俞敏洪与"东方甄选"还面临着不小的考验，未来的带货直播事业道阻且长。

三、农产品带货——热爱与执着

事实上，早在 2021 年 11 月 7 日，俞敏洪就在抖音上宣布"新东方未来将会成立一个新平台，让老师们向助农直播行业转型"。直到 12 月 28 日正式开播，俞敏洪及新东方备受媒体关注，一度成为舆论热点。面对外界不断涌来的质疑，俞敏洪成功完成首播之后，在官方公众号说明了自己选择农产品带货的原因。

1. 对农业的由衷喜爱

一些评论文章不留情面地指出，俞敏洪带领新东方从教育向直播转型，实则是"从一个挣快钱的行业跳到另一个挣快钱的行业"。俞敏洪回应道，自己和团队成员会虚心向头部带货主播学习。至于"挣快钱"这类评论，实在是抹杀了创业者的努力和心血，因为从事教育行业和带货直播都是有难度的，不少教育公司在刚成立阶段都是入不敷出的，而那些头部主播能够拥有今天的成就，背后的艰辛更是观众难以想象的。俞敏洪之所以选择农产品带货，实际上是因为他本人对农业的喜爱。

俞敏洪在文章中讲起自己在农村生活的经历，他直到 18 岁才离开农村，外出上大学，因此对土地有着深深的眷恋。在家乡，他尝试种植过所有适宜那片土地的作物。亲眼观察麦苗从泥土里发芽，再长成绿油油的麦田，最后收获沉甸甸的金黄麦穗，对俞敏洪来说是无比幸福的。

2. 为了做有意义的事

对农村和农业的深厚感情，让俞敏洪在成为企业家之后依然关注农民生计问题。与农民的交流让他意识到，应当为打开农产品销路做出一些贡献。他曾在 2020 年来到贵州普安，在当地进行助农直播。"东方甄选"的成立与这场带货直播的顺利完成，可以看作他长久以来助农愿望的延续。

四、新东方带货直播的启发

新东方带货直播的启发主要有三点，如图 10-3 所示，下面逐一介绍。

图 10-3　新东方直播带货的启发

1. 精准定位，果断转型

此次转型，俞敏洪化身为主播，足见他对这一战略的重视程度。其实，自从确定要做农产品带货直播开始，俞敏洪和新东方就开始了一系列紧锣密鼓的筹备工作。东方甄选（北京）科技有限公司成立于 2021 年 12 月 7 日，即俞敏洪开启首播的 20 天之前。当时，新东方已告知所有员工，公司接下来将正式启动 MCN（Multi-Channel Network）模式，以求在快速变化的时代寻求更稳定的商业变现。相关工作也快速得到了落实，包括将员工培训为拥有带货能力的主播，招募带货直播领域的专业指导者与抖音知名博主等。在众人的努力之下，目前新东方已有将近百名老师顺利入驻抖音平台。

2. 直播带货 + 教育初心

对俞敏洪和新东方来说，带货只是手段而非目的，打造一个有情怀、有温度的助农平台才是他们希望做的事情。

一方面，农产品带货直播是新东方转型之路的关键操作。"东方甄选"的业务其实并不局限于农产品，公司的注册信息显示，化妆品、出版物、服装、日用品等产品的销售都在经营范围之内，此外还有广告、运输工具等其他业务。另一方面，教育事业是新东方不会丢掉的初心。"双减"政策的出台，让新东方削减了一部分业务，但其他业务，尤其是针对大学生的英语四六级考试、考研、国内研学、留学咨询和国际教育等服务，仍然是关键业务。

3. 熟悉行业规则

俞敏洪和新东方在转型中不忘强调情怀的重要性，但如果带货直播无法成功变现，现实的残酷终将压垮梦想。因此，俞敏洪要想带领数百位新东方老师闯入带货直播赛道，还要有足够的魄力和实力迎接未来的挑战。就拿俞敏洪的首播来说，一些消费者认为直播间的农产品种类有限，与普通电商平台相比，不具备价格优势，甚至更贵。对此，俞敏洪表示，在同等价格水平上，"东方甄选"是最追求产品品质的，他们能够无愧于心地保证，为用户提供的都是最好的产品。如何在产品供应端争取到更低的价格，或者锁定更匹配的目标用户群体，进而增强变现能力，是"东方甄选"接下来要解决的难题。

10.4　曹颖：明星中的直播带货达人

一、曹颖：从主持人到演员再到带货主播

出生在 20 世纪八九十年代的人对"曹颖"这个名字大概不会陌生，她拥有出众的才华和美貌，曾在《综艺大观》节目担任主持人，还饰演过电视剧《乌龙闯情关》中的仙女。

如今，曹颖选择"重出江湖"，并摇身一变成为"直播带货女王"。2021 年 5 月 13 日，曹颖在抖音上发起了主题直播活动，名为"曹颖生日惠，礼送有情人"。这场直播收获了 949 万累计观看人次，成交额高达 5599 万元，充分证明了曹颖的带货能力。

解锁新身份的曹颖能够获得如此出色的带货成绩，主要有以下两点原因。

1. 对待粉丝：态度极其认真

这次生日会直播长达 10 小时，这个时长对任何主播来说都是一个巨大的挑战。不过，曹颖把直播当成为粉丝发放福利的机会，带来了很多低价优惠，如"一元秒杀一万份""9.9 福限量 10 万份"等。曹颖对粉丝十分真诚，抱着增进交流的心态与粉丝互动；她对待产品和带货主播这份职业十分严肃认真，推荐的美妆品牌都是亲身试用过的，拒绝夸大产品功效、误导粉丝冲动消费。曹颖秉持的原则是，让粉丝以实惠的价格买到喜爱的产品。

2. 对待商家：不设"坑位费"

曹颖认为，带货直播讲求共赢，不但要对得住粉丝，还要帮助商家实现利益最大化。首先，在选品问题上，曹颖更关注国货美妆、珠宝饰品等产品，因为她在成为娱乐明星之前，有丰富的化妆造型从业经验，这使她颇为关注化妆品的质量，希望替消费者找到这个方面的良心商家。其次，在与商家的对接方面，曹颖和其他明星主播不同，不收取"坑位费"，并且不接短期带货业务。曹颖追求的是与品牌建立长久的合作关系，并通过自己的直播间切实地帮助商家提升销量，扩大品牌影响力和知名度，降低运营风险。因此，对曹颖来说，变现的唯一方式就是获取商家支付的佣金。

曹颖只花了短短一年的时间，抖音上的粉丝就突破了 1000 万。如今，曹颖在抖音上的粉丝超过 1734 万，获赞 8000 多万次，成了明星带货直播的标杆人物。

二、明星为何纷纷走进直播间

近两年，"明星"与"带货直播"这两个关键词在各种场合都被绑在一起。各个年龄段、各个领域的明星纷纷将带货直播作为新赛道，用手机屏幕取代大荧幕，继续出现在公众视野中。起初，观众会争论明星应不应该转行做带货主播，如今，他们更关注明星是否拥有足够的能力做好带货直播。事实上，明星们争相选择直播这一赛道，就是因为看到了直播所拥有的巨大的商业价值，在某种程度上甚至胜过演艺行业。

1. 直播和短视频能增加明星的社交资产

相关资料显示，2020 年前三季度，全国摄制出品的电视剧与前一年相比减少 27%。在 2020 年一整年中，有超过三分之二的演员无剧播出，有些当红演员也没能幸免。当影视作品不能支撑演员的发展时，他们自然就把目光投向了网络，尤其是抖音等短视频平台。于是，直播成了帮助他们提升曝光度的绝佳手段，毕竟粉丝才是他们保持事业发展的关键。另外，带货直播是变现速度最快的直播形式之一，明星帮助商家成功卖出商品能够充分证明自身的商业价值。因此，带货直播增加了明星的社交资产，同时成了他们将社交资产变现的渠道。

2. 带货直播的收益可观

与头部带货主播相比，明星在曝光度和知名度方面的优势更加明显。由于自带粉丝，他们进入带货直播行业无须积累经验，也无须在前期进行过多的自我宣传。抖音平台十分青睐明星自带的流量，必然会设法扶持，主动为明星带货直播宣传造势。可见，带货直播对明星来说投入较小。

除了投入小之外，带货直播还有变现快的优点。据统计，一名艺人在抖音做一场带货直播，收入普遍在 10 万元以上，在短短两三个小时内获得的报酬，相当于录制一期综艺节目获得的收入。在快速变现的同时，各种宣传资源也会大量涌向他们，这些资源对他们来说也是很有价值的。

3. 电商与直播平台对明星热情邀请

淘宝、抖音、快手等平台越来越多地把直播与电商融合起来，同时借助各种营销手段吸引潜在用户。相关数据显示，2021 年，我国电商直播的市场规模同比增长 83%，在整个网购市场中，15.5% 的消费者会选择电商直播，预计未来这一比例还会持续扩大。随之而来的是各个平台对流量的争夺。越来越多的明星入驻抖音，淘宝也不甘示弱。2020 年"618 购物节"期间，淘宝共邀请300 位明星进行带货直播，掀起一股明星带货的热潮。

三、为什么部分明星的带货能力较差

曹颖是明星带货直播的成功案例，但是放眼整个赛道，我们不得不承认，并不是所有明星都能成功地转向带货直播领域。一些明星带货直播时，要么"爆冷"，无人下单，要么"翻车"，被消费者投诉，最终只能黯然离场。

总体而言，带货直播与影视娱乐行业变现的核心逻辑不同。影视作品的播放情况是可以量化的，但因此形成的明星口碑却是无形的。只要一位明星拥有足够多的粉丝的支持，有些制作方甚至会将明星的实力放在第二位，以明星自带的流量确保作品的热度。因此，明星与粉丝的关系在某种程度上决定了明星的商业价值。

然而，对带货直播来说，流量只是变现的起点，将商品卖出去才算是完成了变现。明星虽然能够凭借自身知名度，从品牌方和平台那里获取佣金和"坑位费"，但获取这种收益的代价是被销量"绑架"。只有比普通主播卖出更多的商品，才能向品牌方交出合格的成绩单。

了解了这些核心逻辑之后，我们再来看部分明星带货直播的短板（见图10-4）。

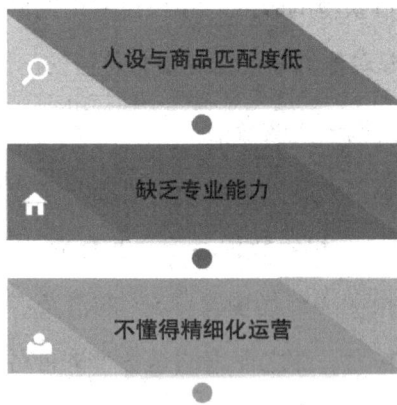

图 10-4　部分明星带货直播的短板

1. 人设与商品匹配度低

李佳琦等头部主播既能卖得出大牌口红，又能引导消费者购买日常生活用品。不少明星看到这一点，误认为以自己的知名度，必然能收获同样的甚至更热烈的反响。因此，他们在接受商业合作时，不对品牌方和产品进行甄别，囫囵吞枣。凡是可触及的商品，他们都想拿到直播间来卖。以上逻辑的谬误在于，他们没有考虑商品与个人风格的匹配度，也不了解每种商品对自己粉丝的吸引力如何。举例而言，曹颖的直播间粉丝的典型用户画像是：35 岁以上的女性，要么正在职场中打拼，要么是全职太太，购买能力较强。品质高的美妆产品和具有设计感的饰品可以满足她们的需求，曹颖大气端庄的气质也是她们所向往的，主播风格、商品和粉丝偏好，三者的匹配度保证了曹颖直播间的热度。

2. 缺乏专业能力

带货"翻车"的明星常常忽视这一事实：带货主播和明星这两种职业的特性大有不同，两者都有特别的技能。缺乏带货能力的明星，如果在踏入直播领域之前不向专业主播学习，带货效果恐怕就难以保证了。换言之，专业主播的能力和技巧需要在大量的直播中慢慢沉淀，而大多数明星只是暂时兼顾这一领域，大概率不会将带货直播当作主业，无法磨炼出专业的带货技能。

3. 不懂得精细化运营

观众所熟知的头部主播，如淘宝的李佳琦、抖音的罗永浩等，虽然一般都单独出现在直播间，但他们背后都有专业的团队。招商、选品、议价、定档、前期宣传、发货、售后服务等工作，都是由专业人员来完成的，直播反而是整个过程中最轻松、最可控的部分。而大多数明星不了解背后的精细化运营，自然无法长久地发展直播事业，只好短暂地获取一些流量红利。